摄政王多尔衮像　　周莎 翻拍

多尔衮摄政王府　　周莎 摄

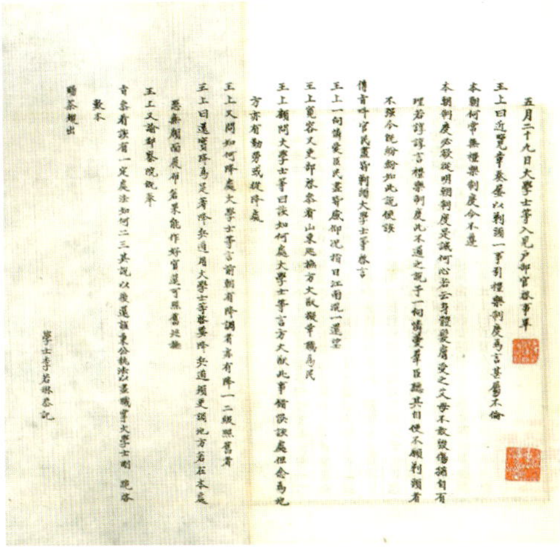

五月二十九日大學士等入見戶部官啓事畢
王上曰近覽章奏屢以剃頭一事引禮樂制度爲言甚屬不倫
本朝何嘗無禮樂制度今不遵
本朝制度必欲從明朝制度是誠何心若云身體髮膚受之父母不敢毀傷猶自有
理若諄諄言禮樂制度此不通之說予一向憐愛群臣聽其自便不願剃頭者
不強今既紛紛如此說便該
傳旨叫官民盡皆剃頭大學士等啓言
王上一向憐愛臣民盡皆感仰況指日江南既一還望
王上寬容又吏部啓叅看山東巡撫方大猷擬革職爲民
王上顧問大學士等曰該如何處大學士等言方大猷此事錯誤該處但念爲地
方亦有勤勞或從降處
王上又問如何降處大學士等言前朝有降調者亦有降一二級照舊者
王上曰還當降爲是着降其道用大學士等啓要降其道須吏調地方若在本處
恐無顏面展布若果能作好官還可照舊共[illegible]
王上又諭都察院說奉
旨条有該有一定處法如何二三其說以後還謹秉公執法以盡職掌大學士剛 說奉
數本
賜茶趨出
學士李若琳恭記

《多尔衮摄政日记》原件

周莎 摄

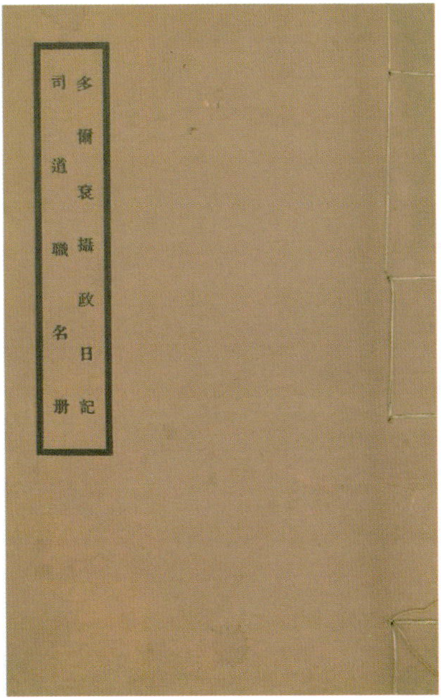

1933年版的《多尔衮摄政日记 司道职名册》封面

周莎 摄

武英殿　　周莎 摄

武英殿内主敬殿匾　　周莎 摄

武英殿匾　　周莎 摄

『十三五』国家重点图书出版规划项目

（清）内阁大库旧藏　周莎　校释

《多尔衮摄政日记》《司道职名册》校释

天津出版传媒集团
天津古籍出版社

图书在版编目（CIP）数据

《多尔衮摄政日记》《司道职名册》校释 / 内阁大库旧藏 ; 周莎校释. -- 天津 : 天津古籍出版社, 2018.5
ISBN 978-7-5528-0681-6

Ⅰ. ①多… Ⅱ. ①内… ②周… Ⅲ. ①政治制度—史料—中国—清代 Ⅳ. ①D691.21

中国版本图书馆CIP数据核字(2018)第090629号

《多尔衮摄政日记》《司道职名册》校释

内阁大库旧藏
周莎/校释

出版人/张玮

天津古籍出版社出版
（天津市西康路35号　邮编300051）
http://www.tjabc.net

唐山鼎瑞印刷有限公司印刷

全国新华书店发行

开本 880×1230 毫米 1/32　印张 5　字数 116 千字

2018 年 5 月 第 1 版　2018 年 5 月 第 1 次印刷

ISBN 978-7-5528-0681-6　　定价：35.00元

凡　例

第一，对该书底本的繁体字进行校对、更正，并对史料上别字、错字、漏字，加以订正。

第二，采用简体汉字横排方式对原文进行校录，并加上标点。

第三，在人名、地名、年号、朝代名等下加“____”，书名下加“﹏﹏”。

第四，校勘记与注文合一，统称为注释。

第五，《多尔衮摄政日记》以日期为标题，每一日期为一条目；《司道职名册》以原文中省份及其他顶头起者为标题。

前　言

多尔衮实为清朝入主燕京的功臣，薨逝后被顺治皇帝追尊为诚敬义皇帝，庙号：成宗。可见他功勋卓著。但是，不久，多尔衮被追罪，其位于北京东直门外的园寝被平毁。因此，关于他的资料难免要受到破坏，至今保存的一部分《多尔衮摄政日记》，成为他从事政务的唯一证明。《多尔衮摄政日记》的内容涉及清初一些重大政治举措，如：剃发令、蠲免钱粮、优待明朝宗室、进剿张献忠等，还涉及很多明朝降清的著名官员，如洪承畴、冯铨等。《多尔衮摄政日记》产生于清代起居注制度正式确立之前，为研究清代起居注制度的形成过程，提供了重要的第一手资料。《司道职名册》是当时地方官吏的集体名册，其官衔多涉及地名地域，这是对清初政区设置的关键记载，也为清初政区地理的研究提供了第一手资料。

此次《多尔衮摄政日记》和《司道职名册》的点校和整理工作采用简体字录文、注译的形式，一方面是为了方便研究者使用，另一方面也是为了照顾一般读者，使原本艰涩的史料变得通俗易懂，以增强史料的可读性。点校所使用的版本为民国二十四年（1935）北平故宫博物院所排印之版本，依据《明史》《清史稿》《太祖实录》《大清世祖章皇帝实录》《贰臣传》《大明一统志》《读史方舆纪要》《中国历史地图集》等进行校对与注释。

周　莎

农历乙未年冬月

于紫禁城寿安宫

目录

司道职名册

敘①

敘

多爾袞攝政日記爲清內閣大庫舊物宣統間清理庫檔流落於外後歸寶應劉氏食舊德齋原册起五月二十九日迄七月初九日而不紀年茲因中有閏六月檢勘曆書及實錄知爲順治二年事原書初無名稱每日記事後均書記者銜名與清代起居注體例略同故劉氏於其所錄副册題曰攝政王多爾袞起居注考清代起居注康熙間始置館當時尙無其制今劉氏囑由本院刊行爰改題曰多爾袞攝政日記

司道職名册亦爲劉氏所藏計分北直山東河南山西陝西浙江江西江南湖廣福建四川廣東廣西各地方每司道銜名下皆注某年某月陞授或改授字樣早者爲順治五年晚者爲九年今與攝政日記一併刊行列爲文獻叢書第十五種以供研究清史者之參考焉

敘　一　故宮博物院

① 此叙为1935年故宫博物院所印排印版之序，此次点校与注释后仍留此叙，以备查阅。

《多尔衮摄政日记》为清内阁大库旧物。宣统间清理库档流落于外，后归宝应刘氏食旧德斋。原册起五月二十九日，迄七月初九日，而不纪年。兹因中有闰六月检勘历书及实录知为顺治二年事。原书初无名称，每日记事后，均书记者衔名，与清代起居注体例略同，故刘氏于其所录副册题名曰“摄政王多尔衮起居注考”。清代起居注康熙间始置馆，当时尚无其制，今刘氏嘱由本院刊行，爰改题曰《多尔衮摄政日记》。

《司道职名册》亦为刘氏旧藏。计分为北直、山东、河南、山西、陕西、浙江、江南、湖广、福建、四川、广东、广西，各地方每司道衔名下皆注某年某月升授或改授字样。早者为顺治五年，晚者为九年。今[①]与《摄政日记》一并刊行，列为《文献丛书》第十五种，以供研究清史者之参考焉。

① 即1935年。

多爾袞攝政日記

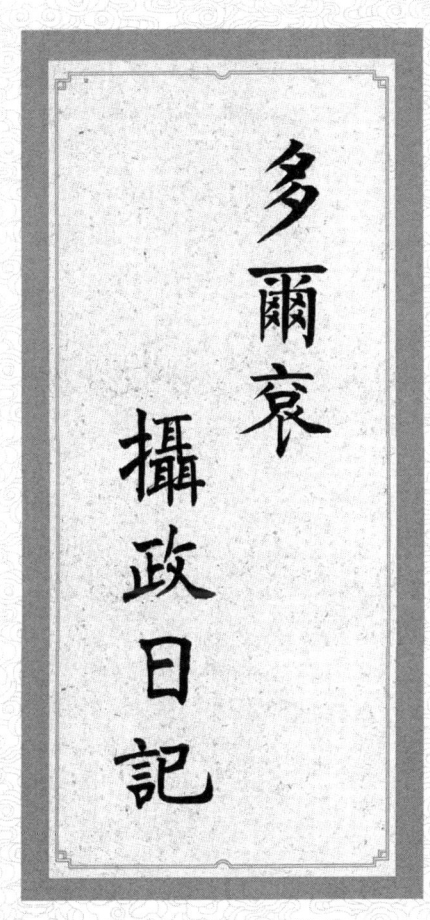

一　顺治二年五月二十九日

录文

多爾袞攝政日記

五月二十九日

大學士等入見戸部官啓事畢王上曰近覽章奏屢以剃頭一事引禮樂制度爲言甚屬不倫本朝何常無禮樂制度今不遵本朝制度必欲從明朝制度是誠何心若云身體髮膚受之父母不敢毀傷猶自有理若諄諄言禮樂制度此不通之說予一向憐愛羣臣聽其自便不願剃頭者不强今旣紛紛如此說便該傳旨叫官民盡皆剃頭大學士等啟言王上一向憐愛臣民盡皆感仰況指日江南混一還望王上寬容又吏部啟參看山東巡撫方大猷擬革職爲民王上顧問大學士等曰該如何處大學士等言方大猷此事錯悞該處但念爲地方亦有勤勞或從降處王上又問如何降處大學士等言前朝有降調者亦有降一二級照舊者王上曰還實降爲是著降兵道用大學士等啟要降兵道須

多爾袞攝政日記　一　故宮博物院

大学士等入见。户部官启事毕。王上曰:"近览章奏,屡以剃头一事引礼乐制度为言,甚属不伦。本朝何常①无礼乐制度?今不尊本朝制度,必欲从明朝制度,是诚何心?若云'身体发肤,受之父母,不敢毁伤',犹自有理。若谆谆言礼乐制度,此不通之说。予一向怜爱群臣,听其自便,不愿剃头者不强。今既纷纷如此说,便该传旨叫官民尽皆剃头。"大学士等启言:"王上一向怜爱,臣民尽皆感仰,况指日江南混一,还望王上宽容。"

又吏部启参看②山东巡抚方大猷③,拟革职为民。王上顾问大学士等曰:"该如何处?"大学士等言:"方大猷此事错悮④该处,但念为地方亦有勤劳,或从降处。"王上又问:"如何降处?"大学士言:"前朝有降调⑤者,亦有降一二级照旧者。"王上曰:"还实降为是,着降兵道用。"大学士等启:"要降兵道,须更调地方,若在本处,恐无颜面展布。若果能作好官,还可照旧巡抚。"王上又谕:"都察院⑥既奉旨参看,该有一定处法,如何二三其说?以后还该秉公执法,以尽职掌。"

大学士刚⑦跪启数本。赐茶,趋出。

学士李若琳⑧恭记

注释

①常:通"尝"。

②参看:此为清代官场用语。参,即参劾官员的过犯。清制,凡官员犯有过失或罪行,均须由该管上司按实参奏,提出处分意见,请旨定夺。革职是官

员处分的最高一级，革职有余罪者，则交刑部。因此，革职不能滥用。与此相关的用语有参革、参罚、前参、参后、纠参、摘参等。此处根据上下文意思，应是“参革”之意，即参劾官员的过犯，革除其官职。

③方大猷（yóu）：（1597—？），字欧余，号允升，浙江乌程（今湖州）人。明崇祯十年（1637）进士。明亡后降清，官至山东巡抚。后因事降职为兵道，顺治八年（1651）九月升授河南河道、按察副使，实职按察使。详见《贰臣传》乙编本传。

④悮（wù）：同“误”。

⑤降调：清代官员处分方法中的一种形式。因故受降级处分，有降级留用、降级调用之别。视现任之级实降离任，谓之降调。其处分以级为差，有降一级调用至降五级调用之分。凡降调而级不足者（如从八品降三级），无级可降，则议革。

⑥都察院：明清时期官署名，由前代的御史台发展而来，主掌监察、弹劾及建议。与刑部、大理寺并称三法司，遇有重大案件，由三法司会审，亦称“三司会审”。

⑦大学士刚：瓜尔佳·刚林（？—1651），清初大臣，字公茂，隶满洲正黄旗，世居苏完。初为笔帖式，翻译汉文。天聪八年（1634），中式举人。崇德元年（1636），授国史院大学士，与范文程、希福等参议政事。顺治元年（1644），进世职二等甲喇章京。五年，以赞理机务忠勤懋著，进三等阿思哈尼哈番，赐号“巴克什”。六年，任《太宗实录》总裁。八年，因阿附多尔衮、诬改《太祖实录》等罪，斩首籍没。详见《清史稿》卷二百四十五中本传。

⑧李若琳：清初官吏，山东新城人。《清史稿》卷二百四十五中有传，《贰臣传》乙编中亦有记载。

译文

大学士等进入朝堂觐见。户部官员启奏事务完毕。摄政王说：“近日阅览章奏，（臣下们）屡次以剃头一事引礼乐制度为借口，这是非常不当的。本朝何尝没有礼乐制度？当今(如果)不遵守本朝制度，一定是想遵从明朝制度，这到底是什么居心？如果说‘身体发肤，受之父母，不敢毁伤’，还算自有道理，如果执意说到礼乐制度，这是讲不通的说法。我一向怜爱群臣，听任大家(在剃头之事上)自便，不愿意剃头的就不勉强。现在既然都这么说，就应该传下旨意，叫官员和百姓全都剃头！”大学士等启奏说：“王上一向怜爱，臣民全都表示感动并且仰慕，何况指日便能统一江南地区，还望王上能够宽容。”

接下来，吏部启奏参看山东巡抚方大猷，拟革职为民。摄政王向大学士等咨询问道：“应该怎么处置？”大学士等说：“方大猷这件事，(他的)错误应该受到惩处，但念及他为地方事务也有功劳，或许可以采取降处的方式。”摄政王又问：“怎么降处？”大学士等说：“前朝有降调的办法，也有降一二级照旧留任的办法。”王上说：“还是按实降级处置正确，着降兵道任用。”大学士等启奏：“如果要降兵道任用，须更改调用驻地，如果还在本处，恐怕(方大猷)没有颜面施展和布置。如果果然能够做好官，还可以照旧按巡抚任用。”摄政王又告诉(臣下)：“都察院既然秉承旨意参看，应该有一定的处置方法，怎么能有两三种说法？以后还应该秉公执法，以尽到(都察院)职务上掌管的责任。”

大学士刚林跪下启奏了数个奏本。(摄政王)赐(大学士等)茶，(大学士等)快步退出。

学士李若琳恭记

二　六月初三日

录文

更調地方若在本處恐無顏面展布若果能作好官還可照舊巡撫王
上又諭都察院既奉旨參看該有一定處法如何二三其說以後還該
秉公執法以盡職掌大學士剛跪啟數本賜茶趨出
學士李若琳恭記

六月初三日
大學士等入王顧賜坐各部官以次入啟事王顧問代王有遺腹子不
知他有住處否有養贍否著撫按查明與他養贍大學士馮等叩頭謝
王問云給代王養贍爲甚叩頭謝你們到底是念你舊主大學士等對
王尚且篤念何況臣等且前人有成語一心可以事二君二心不可以
使一君凡不忘前朝的推此心卽能盡忠本朝王又問比如封賞如今
親王你們未必謝大學士等對王戲言耳諸王懋功膺賞臣等敢不贊

服各官啟事少頃王又言凡人臣事君全在精白一心不在面貌上王
又問江南既下有甚好人物大學士等對地方廣大定有賢才王又言
不是泛論地方賢才只是先生們胸中有知道的否大學士等對錢謙
益是江南人望王又問如今在否大學士等對昨歸順文册上有名字
現在王頷之須臾賜茶大學士剛啟讀本章畢諸臣退
侍講學士高爾儼恭記

六月初四日

大學士等入啟事王上賜坐叩頭謝大學士讀章奏各隨事處分訖賜
茶王上問殿工大木產於何處大學士等對曰川廣又問大木可常有
否對曰極大者亦甚難得殿柱間有三合四合六合者王上又問曰聞
皇極一殿費至六百萬金果否對曰誠然其兩廠見貯木料尚不在數

大学士等入。王顾赐坐，各部官以次入启事。王顾问：“代王[1]有遗腹子，不知他有住处否？有养赡否？著抚、按查明，与他养赡。”大学士冯[2]等叩头谢，王问云：“给代王养赡，为甚叩头谢？你们到底是念你旧主。”大学士等对：“王尚且笃念，何况臣等？且前人有成语：‘一心可以事二君，二心不可以使[3]一君。’凡不忘前朝的，推此心，即能尽忠本朝。”王又问：“比如封赏如今亲王，你们未必谢。”大学士等对：“王戏言耳。诸王懋功膺赏，臣等敢不赞服？”

各官启事。少顷，王又言："凡人臣事君，全在精白一心，不在面貌上。"王又问："江南既下，有甚好人物？"大学士等对："地方广大，定有贤才。"王又言："不是泛论地方贤才，只是先生们胸中知道的否？"大学士等对："钱谦益[4]是江南人望。"王又问："如今在否？"大学士等对："昨归顺文册上有名字，现在。"王领[5]之。须臾，赐茶。大学士刚启读本章毕，诸臣退。

侍讲学士高尔俨[6]恭记

注释

①代王：指明末代王朱传㸄(jì)，代简王朱桂十一世孙，代康王朱鼎渭孙。崇祯十七年(1644)三月，李自成入大同，阖门遇害。见《明史》卷一百十七。

②大学士冯：冯铨(1595—1672)，字振鹭。顺天涿州(今河北涿州市)人。明万历年间进士，授检讨。天启五年(1625)，谄事魏忠贤，以礼部侍郎兼东阁大学士入内阁，不久即晋尚书，加少保兼太子太保。次年即免罢。崇祯初以谄事魏忠贤，赎徙为民。顺治元年(1644)降清，令以大学士原衔入内院佐理机务。次年，授宏文院大学士兼礼部尚书。顺治十三年(1656)，加太保致仕，仍留备顾问。顺治十六年(1659)，改设内阁，命以原衔兼中和殿大学士。康熙十一年(1672)卒于涿州。谥曰：文敏。《清史稿》卷二百四十五有本传，《贰臣传》乙编中亦有记载。

③使：通"事"，侍奉。

④钱谦益：(1582—1664)，字受之，号牧斋，晚号蒙叟，东涧老人。学者称虞山先生。清初诗坛的盟主之一。苏州府常熟县鹿苑奚浦(今张家港市塘桥镇鹿苑奚浦)人。详见《清史稿》卷四百八十四和《贰臣传》乙编本传。

⑤颔(hàn):音“汉”,点头。

⑥高尔俨:(1605—1654),字中孚,直隶静海(今天津市静海县)子牙镇宗保村人。明天启七年(1627)中举人,崇祯十三年(1640)中探花(一甲第三名),后被授翰林院编修。先后降于李自成和清朝。官至弘文院大学士。顺治十二年(1655)卒,赠少保,谥曰:文端。著有《古处堂集》四卷。详见《清史稿》卷二百三十八和《贰臣传》乙编本传。

译文

大学士等进入朝堂。摄政王环顾群臣并赐坐,各部官员按照次序进来启奏事务。摄政王问:“代王有遗腹子,不知道他有没有住处?有没有生活供给所需?命令抚、按等官员查明此事,给他生活所需。”大学士冯铨等人叩头谢恩,摄政王问:“给代王生活所需,(你们)为什么磕头谢恩?你们到底还是顾念你们的旧主。”大学士等回答说:“大王您尚且深切顾念,何况我们呢?且前人有成语:‘一心可以侍奉两位君主,二心不可以侍奉一位君主。’凡是不忘记前朝的,由这种心思推想,就能尽忠于本朝。”摄政王又问:“比如封赏当今的亲王,你们未必会(替他们)谢恩。”大学士等回答:“大王说笑了。诸位王爷功勋卓著,承当重赏,我们怎么敢不赞美敬服呢?”

各位官员启奏事务。过了一会儿,摄政王又说:“凡是人臣侍奉君主,全都在于怀精白之心,行忠正之道,而不(仅)是表现在表面上。”摄政王又问:“江南地区已经攻下,有什么好的人物(可以任用)?”大学士等回答:“(江南)地方广大,一定有贤能的人才。”摄政王又说:“不是一般地总体谈论地方贤才,只是先生们心里有知道的么?”大学士等回答:“钱谦益是江南地区声望较高的人。”摄政王又问:“如今还健在么? ”大学士等回答:“昨天归顺的人名册上有(他的)名字,现在还健在。”摄政王点头表示同意。不一会儿,(摄政王)赐(大臣们)茶。大学士刚林启读(臣下们的)奏本结束,诸位大臣于是退下。

侍讲学士高尔俨恭记

三　六月初四日

录文

內王上曰一殿之工至六百萬何太侈耶漢文帝露臺惜百金之費況六百萬乎然文帝吝惜百金亦覺太儉大凡天下事自有中道太過與不及俱都不是如堯之茅茨不剪亦過於儉帝王所居豈宜如此大學士等對曰太古之時原自渾朴吏部兵部各啟事畢退

侍讀陳具慶恭記

六月二十九日

大學士等入叩頭賜坐大學士剛宣讀都察院本王曰茶馬一差要緊必須擇人都察院臣劉漢儒以廖攀龍對王顧問漢儒何方人大學士等對北直人漢儒出吏部過持籤一握次第啟奏王曰這用的滿州人予一一皆知若是漢人其賢不肖予皆不曉又云在外有司撫按薦者多參刻者少天生好人每一地方不過一兩箇那得有如許之多大學

大学士等入启事。王上赐坐。叩头谢。大学士读奏章，各随事处分。讫[1]，赐茶。王上问："殿工大木产于何处？"大学士等对曰："川、广。"又问："大木可常有否？"对曰："极大者亦甚难得，殿柱间[2]有三合、四合、六合者。"王上又问曰："闻皇极一殿，费至六百万金，果否？"对曰："诚然。其两厂见贮木料，尚不在数内。"王上曰："一殿之工至六百万，何太侈耶?! 汉文帝露台[3]，惜百金之费，况六百万乎?! 然文帝吝惜百金，亦觉太俭。大凡天下事，自有中道，太过与不及，俱都不是。如尧之茅茨不剪[4]，亦过于俭，帝王所居岂宜如此?! "大学士等对曰："太古之时，原自浑朴。"吏部、兵部各启事毕，退。

侍读陈具庆[5]恭记

注释

①讫(qì)：完结、终了。

②间(jiàn)：参与、夹杂。

③汉文帝露台：历史典故。《史记·孝文本纪》中载："孝文帝从代来，即位二十三年，宫室苑囿狗马服御无所增益，有不便，辄弛以利民。尝欲作露台，召匠计之，直百金。上曰：'百金中民十家之产，吾奉先帝宫室。常恐羞之，何以台为！'"后遂以"露台"为帝王节俭之典。

④茅茨不剪：用茅草覆盖屋顶，而且没有修剪整齐。《韩非子·五蠹》："尧之王天下也，茅茨不剪，采椽不斫。"后世将"茅茨不剪"用作帝王节俭之典。

⑤陈具庆：(？—1649)，号生洲，大名人。明熹宗天启二年(1622)进士，治《毛诗》，兼治《尚书》。晚年又喜《易》，诸书无所不读。清世祖征召文院珥笔扈

从，更定太和、中和、保和三殿号，诸祭封名山大川制诰，多出其手。终内翰林秘书院学士。顺治六年(1649)七月卒。所著有《经世纪年》、《见镰斋》等传世。

译文

大学士等进入朝堂启奏事务。摄政王赐(大学士等)坐。(大学士等)叩头谢恩。大学士们宣读臣下的奏章，各自按照自己负责的事务进行处置。处理完毕后，(摄政王)赐(大学士等)茶。王上问："殿工所需要的大型木材产于什么地方？"大学士等回答说："四川、广西和广东。"(摄政王)又问："大型木材经常有么？"(大学士等)回答说："(体量)非常大的也非常难得，殿堂所用柱子(的粗细)，杂有三人合抱、四人合抱、六人合抱的。"摄政王又问道："听说(仅)皇极殿这一座大殿，(造作)费用就达到六百万两白银，果真如此么？"(大学士等)回答说："的确如此。两厂贮存的(剩余)木料，还没有算在这(造作费用)数内。"摄政王说："一座大殿的造作(耗费)达到六百万两白银，怎么(可以如此)过于奢侈？汉文帝时露台(的修建)，吝惜一百金的耗费，更何况是六百万呢？然而汉文帝吝惜百金的耗费，(我)也觉得太过节俭了。大凡天下的事，自有中庸之道，(程度)太过分与达不到，全都是不对的。比如：上古帝王唐尧，他的茅草屋顶都舍不得修剪，也太过于节俭了。帝王居住的地方，怎么可以这样呢？"大学士等回答说："太古的时候，(风俗)原本就是那样自然质朴。"吏部、兵部官员各自启奏事务完毕，告退。

侍读陈具庆恭记

四　六月二十九日

录文

士等對外官除參處外都該獎薦此舊例也所薦的人撫按多有同者若參的人絕不雷同一箇是一箇且入境有參復命有參鹽臣有參至三年有大察所去的官亦不爲少王曰應選之官未必皆好譬如矮子裏選將軍就不好的也少不的要去大學士等對初選的人何能卽知待到地方不好的自然參處大學士剛讀楊方興本王曰此官做得何如大學士等對極好王曰他是從內院出去的予也知道他少頃吏部奏陝西事王曰闖賊暴虐百姓痛恨我大清此來新政也只如常小民便自悅服大學士等對爲湯武毆民者桀與紂也王上新政比明季多善如蠲免錢糧嚴禁賄賂皆是服人心處王曰善與不善惟天可表又云崇禎之亡天數已定彼時總有良臣也濟不得事又云崇禎皇帝也是好的只是武官虛功冒賞文官貪贓壞法所以把天下失了又云予在東邊時每見此中朝報下以此蒙上上的旨意亦以此蒙下最爲可

多爾袞攝政日記　三　故宮博物院

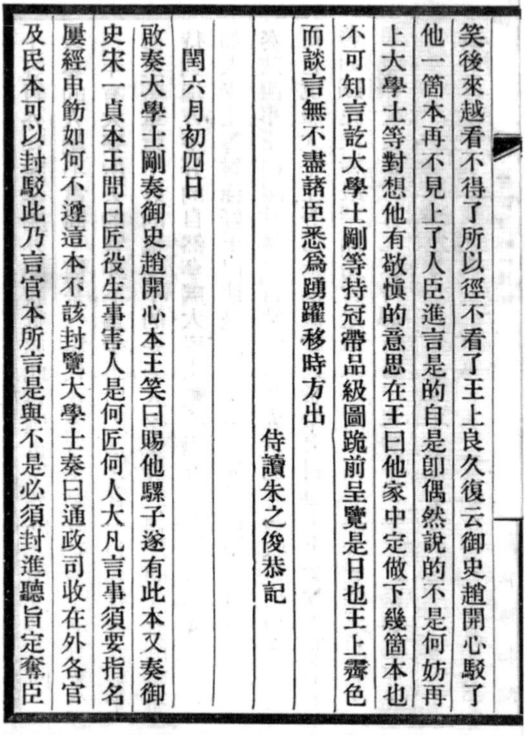

笑後來越看不得了所以逕不看了王上良久復云御史趙開心駁了
他一箇本再不見上了人臣進言是的自是卽偶然說的不是何妨再
上大學士等對想他有敬愼的意思在王曰他家中定做下幾箇本也
不可知言訖大學士剛等持冠帶品級圖跪前呈覽是日也王上霽色
而談言無不盡諸臣悉爲踴躍移時方出

侍讀朱之俊恭記

閏六月初四日

啟奏大學士剛奏御史趙開心本王笑曰賜他騾子遂有此本又奏御
史宋一貞本王問曰匠役生事害人是何匠何人大凡言事須要指名
屢經申飭如何不遵這本不該封覽大學士奏曰通政司收在外各官
及民本可以封駁此乃言官本所言是與不是必須封進聽旨定奪臣

大学士等入，叩头。赐坐。大学士刚宣读都察院本。王曰：“茶马一差[1]要紧，必须择人。”都察院臣刘汉儒[2]以廖攀龙[3]对。王顾问：“汉儒何方人？”大学士等对：“北直人。”汉儒出，吏部过持签一握，次第启奏。王曰：“这用的满州[4]人，予一一皆知。若是汉人，其贤不肖，予皆不晓。”又云：“在外有司抚按荐者，多参刻[5]者，少天生好人，每一地方不过一两个，那[6]得有如许之多？”大学士等对：“外官除参[7]处外，都该奖荐，此旧例也。所荐的人，抚按多有同者；若参的人，绝不雷同，一个是一个。且入境有参，复命有参，盐臣有参，至三年有大察，所去的官，亦不为少。”王曰：“应选之官未必皆好，譬如矮子里选将军，就不好的，也少不得要去。”大学士等对：“初选的人何能即知？待到地方，不好的自然参处。”

大学士刚读杨方兴⑧本。王曰：“此官做得何如？”大学士等对：“极好。”王曰：“他是从内院⑨出去的，予也知道他。”

少顷，吏部奏陕西事。王曰：“闯贼暴虐，百姓痛恨我大清，此来新政也只如常，小民便自悦服。”大学士等对：“为汤、武殴民者，桀与纣也。王上新政，比明季多善，如蠲⑩免钱粮、严禁贿赂，皆是服人心处。”王曰：“善与不善，惟天可表。”又云：“崇祯之亡，天数已定。彼时总⑪有良臣，也济不得事。”又云：“崇祯皇帝也是好的，只是武官虚功冒赏，文官贪赃坏法，所以把天下失了。”又云：“予在东边时，每见此中朝报，下以此蒙上，上的旨意亦以此蒙下，最为可笑。后来越看不得了，所以径⑫不看了。”王上良久复云：“御史赵开心⑬，驳了他一个本，再不见上了。人臣进言，是的自是，即偶然说的不是，何妨再上？！”大学士等对：“想他有敬慎的意思在。”王曰：“他家中定做下几个本也不可知。”言迄，大学士刚等持冠带品级图，跪前呈览。是日也，王上霁色⑭而谈，言无不尽，诸臣悉为踊跃，移时⑮方出。

侍读朱之俊⑯恭记

注释

①差：音“拆”，被派遣去做的事。

②刘汉儒：(? —1665)，直隶(今河北省)大城县北赵扶村人，明熹宗天启二年(1622)进士，累官四川巡抚，参与镇压李自成农民军。坐言事罢归。降清后，起授都察院左副都御史。著有《误庵诗钞》。事迹见于《贰臣传》乙编。

③廖攀龙：明清之际官员，著有《历代茶马奏议》。

④满州：即满洲。州，通“洲”。

⑤参刻：严峻苛刻。

⑥那：通“哪”。

⑦参(cān)：参劾。

⑧杨方兴：(? —1665)，字浡然，汉军镶白旗人，清初大臣。初为广宁诸生。天命七年(1622)，清太祖取广宁，方兴来归。太宗皇太极命直内院，与修太祖实录。崇德元年(1636)，试中举人，授牛录额真衔，擢内秘书院学士。事迹见于《清史稿》卷二百七十九本传。

⑨内院：即内三院。清代内阁的前身，辅助皇帝处理政务的枢要机构。天聪三年(1629)，皇太极在盛京设立文馆，命翻译汉字书籍及记注本朝得失。天聪十年(1636)三月，改文馆为内三院，即内国史院、内秘书院、内弘文院。内国史院，掌记注皇帝起居、诏令，收藏“御制”文字，凡用兵行政六部所办事宜、外国来书俱编为史册，并纂修各朝实录及撰拟祝文、诰命、册文等。内秘书院，掌撰拟与外国书及敕谕、祭文等，并录各衙门奏疏及词状。内弘文院，掌注释古今政事得失，为皇帝“进讲”，为皇子“侍讲”，并教诸亲王与颁行制度等。顺治十五年(1658)七月，清廷参照明制，改内三院为内阁。十八年(1661)六月，复改为内三院。康熙九年(1670)，又改为内阁。遂成为定制。

⑩蠲(juān):除去、免除。

⑪总:此处疑为“纵”字之误。

⑫径:直,直截了当。

⑬赵开心:(? —1662),字灵伯,湖南长沙人,清初官吏。事迹见于《清史稿》卷二百四十四本传。

⑭霁色:此处形容脸色温和。

⑮移时:一段时间。

⑯朱之俊:(1596—1671),字擢秀,号沧起,又号曬摄居士,山西汾阳大向善村人。明天启元年(1621)中举,天启二年会试、殿试赐同进士出身,入翰林院供职。不久迁国子监司业。崇祯年间因党附魏忠贤而罢官归故里。崇祯十七年(1644)二月初二日,李自成农民军攻陷汾州府,请他出仕,逃避于介休绵山。清顺治二年(1645)夏四月,诏前朝才子,起用为秘书院侍讲,兼修国史副总裁。八月受命顺天乡试后,朱之俊遂感到仕途艰险,前程莫测,于十月辞官退归故里,不复出仕。常与傅山等士人以诗文唱和自娱。

译文

大学士等进入朝堂,(向摄政王)叩头行礼。(摄政王)赐(大学士)等坐。大学士刚林宣读都察院的奏本。摄政王说:“茶马这个差事要紧,必须选派人(去办理)。”都察院大臣刘汉儒推荐廖攀龙担当这件差事。王咨询(其余大臣)问道:“汉儒是哪里人?”大学士等回答说:“北直隶人。”汉儒退出朝堂后,吏部官员每人进行了抽签,按照(抽签决定的)顺序开始奏事。摄政王说:“用的这些满洲人,我一个个都了解,可如果是汉人,他们(究竟是)品行贤良,(还是)品行拙劣,我都不知道。”又说:“在地方上相关部门及巡抚、巡按所推荐的官员，很少有天生的好人，每一个地方不超过一两个人，怎么可能有如此之多呢？”大学士等回答：“地方官员除了受到参劾处理的人之外，都应该（受到）奖励推荐，这是原本的定例。所推荐的人，各地巡抚、巡按的人选多有相同的；如果是参劾的人，绝对不会相同，一个是一个。而且当（巡抚、巡按）进入（某一地方）地界（巡视）的时候会有参劾（的事），（巡视结束后向朝廷）汇报情况时有参劾（的事），管理盐政的官员也有参劾（其他官员的权力），到了每三年都有一次的（官员）大察，（到那时）去职的官员，也不会少。”摄政王说：“参加铨选的官员不一定都是好的，这就比如从矮子里选将军，的确是不好的，也免不了要撤（他的）职。”大学士等回答：“被选中的官员怎么能马上知道（他的秉性）？等到了地方（去任职），（根据为官的表现），不好的自然（要受到）参劾处置。”

大学士刚林读到杨方兴的奏本。摄政王问道：“（杨方兴）这个官做得怎么样？”大学士等回答：“非常好。”摄政王说：“他是从内院出去（到外地任职）的，我也知道他。”

过了一会儿，吏部（官员）奏报陕西省的事务。摄政王说：“闯贼（注：指李自成）残暴乖戾，百姓痛恨，我大清这次（进入山海关）前来，新政也只是如平常一样，（那些）小老百姓就各自心悦诚服。”大学士等回答：“为商汤、周武王殴打老百姓的，是夏桀和商纣。王上主持的新政，比明朝时有很多好处，比如免除（加派的多余的）钱粮、严禁贿赂，都是让人信服的举措。”摄政王说：“（举措）好或者不好，只有上天的意愿能够显示。”又说：“崇祯的灭亡，（是）上天的命数已经确定（的）。（即便）那个时候纵然有贤良的臣工，也是无济于事。”又说：“崇祯皇帝也是好的，只是武官虚报战功、冒领奖赏，文官贪赃枉法，所以才把天下丢了。”又说道：“我在东边的时候，每当见到这里的（注：指明朝朝廷)的朝廷奏报通报(或旨意等),臣下用这样手段蒙蔽上面,对上面的旨意也用这种手段蒙蔽臣下,最为可笑,后来直接不看了。”过了好一会儿,摄政王又说:“御史赵开心,我驳回了他一个奏本,再也不见他上奏了。人臣进言,正确的自然是正确的,即便偶尔说的不正确,又何必妨碍再上(建言呢)?” 大学士等回答:“想必他是有恭敬谨慎的意思。”摄政王说:“他在家中(针对一个问题)拟定做下几个奏本,也不可知啊。”说罢,大学士刚林等手捧《冠带品级图》,跪在(摄政王面前)呈上(请求)阅览。这一天,摄政王面色温和,侃侃而谈,言无不尽,诸位大臣都非常积极踊跃,过了很长时间,才退出(朝堂)。

侍读朱之俊恭记

五　闰六月初四日

录文

等豈敢徑不封進又奏諸王府夥計事王曰諸王供事不給一切養兵
賞賚甚費不是生利自用這御史全不代諸王設想仰體其心只說有
妨於小民通是偏向小民的意思大學士等奏曰百姓是王的百姓愛
百姓正是尊王臣等意謂諸王應給祿米賜贍田自然足用明朝每年
錢糧半是朝廷與王府供用我朝諸王勞苦功高尤厚祿王曰卽如明
朝宮女數千王府亦多宮女此時也照此行之可乎遂問宮女選於何
處大學士等奏曰朝廷傳旨令禮部選王府請聖旨選於其國王笑而
問曰目前就行此事何如大學士等奏曰此時天下初定民心驚恐此
事必不可行臣等仰見王上聖德亦必不行此事王又曰明時百姓家
有蓄積數十萬金者此時諸王府未有二三萬金之藏非經營生利不
足用度大學士等奏曰明時多藏乃明之所以亡今諸王無厚蓄正是
清朝之所以興反覆問對者久之王又言紂王拒諫飾非予今反覆言

多爾袞攝政日記　四一　故宮博物院

之不是不聽他說話只是言不知爲上者不得已之心事待天下大定
漸次定制須賜宗祿目今難以遽禁這御史本改票行又奏英王大捷
當祭告郊廟社稷擬票內有神人共憤語王曰明朝人博學固多只是
這等說話似乎不宜人心之憤固自可見若天之憤從何而至今王師
剪寇便如此說倘兩軍相持不分勝負豈天在憤不憤之間乎大學士
等奏曰天視自我民視天聽自我民聽王上奉天討罪天下無敵天意
確有可憑理之必然也少頃王言方今天下未常乏才但朝臣賢否須
久任方見大學士等奏曰王諭久任洞見治理但今缺多人少遷轉不
得不驟一兩年間方可行久任之事王又諭治天下全在得人但新官
語言不通且多不識面何法可得好官委用大學士等奏曰漢唐以來
君臣言語相通何常盡能得賢因大臣不得其人故也如臣等內院及
吏兵二部得人則在京官員自然得人外而各處督撫巡按得人則道

府州縣自然得人天下可不勞而理矣王諭曰是頃之手取弓矢賜大學士馮銓銓卽於座前謝恩王入召大學士剛林賜蟒袍又賜明晉王朱燔烜紀城王朱慈顩及投順總兵官馬科之子馬如騏袍服召大學士等進殿內列坐賜饌謝恩饌畢肅出

檢討成克鞏恭記

閏六月初六日

啟奏王問趙開心日日上疏想他皆屬宿搆大學士等奏趙御史叨蒙欽賞圖報方殷自然有懷必盡王問金陵既已底定其餘諸省卽當遣人賫詔招撫大學士等奏招撫自是自策但別議遣人不若卽除各省撫按等官親往詔諭自己地方責任定然處事精詳百姓既有係屬草竊無不立解王嘉納允行王諭輔臣當遣書英王殿下江南歸附諸臣

多爾袞攝政日記　五　故宮博物院

启奏。大学士刚奏御史赵开心本。王笑曰："赐他骡子，遂有此本。"又奏御史宋一贞本，王问曰："匠役生事害人，是何匠何人？大凡言事，须要指名，屡经申饬，如何不遵？这本不该封览。"大学士奏曰："通政司[①]收在外各官及民本，可以封驳[②]，此乃言官本，所言是与不是，必须封进[③]，听旨定夺。臣等岂敢不封进？"

又奏诸王府伙计事。王曰："诸王供事不给，一切养兵赏赉甚费，不是生利自用。这御史全不代诸王设想，仰体其心，只说有妨于小民，通是偏向小民的意思。”大学士等奏曰：“百姓是王的百姓，爱百姓正是尊王。臣等意谓诸王应给禄米，赐赡田，自然足用。明朝每年钱粮，半是朝廷与王府供用。我朝诸王劳苦功高，尤厚禄。”王曰：“即如明朝宫女数千，王府亦多宫女。此时也照此行之，可乎？”遂问宫女选于何处，大学士等奏曰：“朝廷传旨令礼部选，王府请圣旨选于其国。”王笑而问曰：“目前就行此事何如？”大学士等奏曰：“此时天下初定，民心惊恐，此事必不可行。臣等仰见王上圣德，亦必不行此事。”王又曰：“明时百姓家有蓄积数十万金者，此时诸王府未有二三万金之藏，非经营生利不足用度。”大学士等奏曰：“明时多藏，乃明之所以亡。今诸王无厚蓄，正是清朝之所以兴。”反覆问对者久之。王又言：“纣王拒谏饰非，予今反覆言之，不是不听他（注：指御史宋一贞本）说话，只是言不知为上者不得已之心事。待天下大定，渐次定制，颁赐宗禄。目今难以遽禁，这御史本改票④行。”

又奏英王⑤大捷，当祭告郊庙社稷，拟票内有“神人共愤”语。王曰：“明朝人博学固多，只是这等说话，似乎不宜。人心之愤，固自可见，若天之愤，从何而至？今王师剪⑥寇，便如此说，倘两军相持不分胜负，岂天在愤不愤之间乎?！”大学士等奏曰：“天视自我民视，天听自我民听。王上奉天讨罪，天下无敌。天意确有可凭，理之必然也。”

少顷，王言：“方今天下，未尝乏才，但朝臣贤否，须久任方见。”大学士等奏曰：“王谕久任洞见治理，但今缺多人少，迁转不得，不骤一两年间，方可行久任之事。”王又谕：“治天下全在得人。但新官语言不通，且多不识面，何法可得好官委用？”大学士等奏曰：“汉、唐以来，君臣言语相通，何尝尽能得贤？因大臣不得其人故也。如臣等内院及吏、兵二部得人，则在京官员自然得人。外而各处督、抚、巡按得人，则道、府、州、县自然得人。天下可不劳而理矣。”王谕曰：“是。”

顷之，手取弓矢，赐大学士冯铨。铨即于座前谢恩。王入召大学士刚林，赐蟒袍。又赐明晋王朱燏烜⑦、纪城王朱慈頪⑧及投顺总兵官马科⑨之子马如琪袍服。召大学士等进殿内列坐，赐馔⑩。谢恩。馔毕，肃出。

检讨成克巩⑪恭记

注释

①通政司：全称通政使司，俗称银台。明洪武三年(1370)置，掌受四方章奏。洪武十年(1377)，始设通政使司，长官为通政使，是中央掌受内外章疏敷奏封驳之事的官署。清朝亦设通政使司，主要职责是收纳各省题本，校阅后送交内阁。查有题本不合规制的，揭送内阁参办；如题本有逾限期的，则须移文有关部门议办。在京各衙门的一切奏本，不分公私，也均须送通政使司呈进。

②封驳：明代文牍处理方式之一。即封还皇帝失宜诏令，驳正臣下奏章违误。然而随着君主权力的不断扩大，封驳更偏向于驳正臣下奏章违误。

③封进：明代文牍处理方式之一。即将章奏密封，以备进呈皇帝御览。

④改票：明代文牍处理方式之一。明代至清初内阁代皇帝批答臣僚章

奏，先将拟定之辞书写于票签，附本进呈皇帝裁决，称为“票拟”。呈送皇帝之后，若与皇帝的意见有出入，便命令退回内阁重新拟定，称为“改票”。

⑤英王：指摄政王多尔衮同母胞兄英亲王爱新觉罗·阿济格（1605—1651），清太祖努尔哈赤第十二子。在皇太极时期参加过攻打明朝边境以及朝鲜的作战；清军入关时作为清军前锋随多尔衮入关，顺治元年（1644）封和硕英亲王。又以靖远大将军自边外入陕西、四川，屡败李自成，杀死刘宗敏，俘获宋献策。顺治五年（1648）又以平西大将军督师征讨姜瓖在大同的叛乱。同年，要求封叔王，被摄政王多尔衮拒绝。多尔衮薨逝后，企图摄政，被削爵幽禁，赐死。事迹详见于《清史稿》卷二百十七本传。

⑥剪：剪除。

⑦朱燊（shěn）烜（xuān）：明朝末代晋王，晋恭王朱㭎（1358—1398）十一世孙。

⑧朱慈䪹（zhèn）：明朝末代纪城王。

⑨马科：明朝将领。明崇祯初即从李卑平流寇，后归洪承畴麾下。李自成欲入川，科与曹变蛟败之，并穷追之至潼关，参与潼关南原大战，大破闯军。旋任山海关总兵，从洪承畴援锦州，与王朴等溃归。后降清。事迹见于《明史》卷二百七十二。

⑩馔：饮食，吃喝。

⑪成克巩：（1608—1691），字子固，直隶大名人，清朝大臣。明崇祯十六年（1643）进士，授翰林院庶吉士。入清后，在顺治朝历任国史院检讨、秘书院侍读学士、宏文院学士、吏部侍郎、吏部尚书、秘书院大学士、加太子太保、摄左都御史、少保、保和殿大学士兼户部尚书、少傅兼太子太傅等职。历充《太宗实录》、《太祖圣训》、《太宗圣训》总裁。顺治十八年（1661），清圣祖康熙皇帝即位，复为国史院大学士。康熙元年（1662）调秘书院大学士。康熙二年（1663）乞休回籍。康熙三十年（1691）卒。事迹见于《清史稿》卷二百三十八本传。

译文

（大臣们）开始奏事。大学士刚林奏上御史赵开心的奏本。摄政王笑着说：“赐了他一头骡子，于是就有了这个奏本。”又奏上御史宋一贞的奏本，摄政王问道：“匠役生出事端、残害他人，是哪一个匠役哪一个人？大凡上书言事，必须指出姓名，（我）已经屡次告诫过（这种情形），为什么不遵照办理？这个奏本不该密封进呈阅览。”大学士等奏言道：“通政司（的职责是）收取在外各地官员及民众的奏本，可以驳正臣下奏章违误，这是言官的根本职责，（不论）所说的正确或不正确，（都）必须密封进呈御览，听候皇上旨意定计裁夺。臣等怎么敢不封进呈览？”

（宋一贞的奏本）又奏报关于诸王府的伙计（数目及用度）的事。摄政王说：“诸位王爷用度供应不足，一切用于养练军队、发放奖赏的用度非常大，（这么大的用度）不是用于滋生利息以图自己享用。这个御史完全不替诸位王爷设想，体会他们的（忠）心，只是说会有害于小老百姓，全篇都是偏向小老百姓（利益）的意思。”大学士等奏道：“百姓是王者的百姓，爱护百姓就是尊敬王者。臣等的意思是应该发给诸位王爷禄米（注：按等级用作俸禄的粟米），赐给赡田（注：用于赡养家口的田地），（王府的）用度自然足够。明朝每年（征收上来的）钱粮，半数是用于供给朝廷和各地王府的用度。我朝诸位王爷劳苦功高，尤其应该俸禄优厚。”摄政王说：“就好像明朝（宫廷拥有）宫女数千人，王府（因此）也有很多使唤的女子。这个时候也按照这种模式推行，可以么？”于是就问宫女从什么地方选来，大学士等奏道：“朝廷传旨命令吏部选取（宫女），王府请求圣旨在他的藩国内选取（使唤的女子）。”摄政王笑着问道:“目前就施行这件事怎么样?”大学士等奏道:“这个时候天下初定,民心惊慌恐惧,这件事必然不可推行。臣等仰见王上圣德,也必然不会推行这件事。”摄政王又说:“明朝时百姓家有蓄积白银数十万两白银的,此时诸位王爷府上连二三万两白银的蓄积都没有,如果不通过经营,滋生利息,不足以支撑(他们的)用度。”大学士等奏称:“明朝时(百姓和王府)多蓄积,这是明朝之所以灭亡(的原因)。当今诸位王爷没有深厚的蓄积,正是清朝之所以兴盛(的原因)。”(为王府用度这件事,摄政王与大学士等)反复发问回答,持续了很久。摄政王又说:“商纣王拒绝谏言,掩饰错误,我今天反复(为王府用度这件事)说话,不是不听他(注:指御史宋一贞)说话,只是他的建言不知(体谅)为上者不得已的心事。等到天下(形势)大定,(朝廷必将)逐渐确立制度,颁布旨意恩赐宗王俸禄。目前(王府用度大这件事)则难以很快禁止,这御史奏本的建议改票施行。”

又奏报英亲王(率军取得)大胜,应当祭告天地、宗庙和社稷,拟票中有“神人共愤”的言语。摄政王说:“明朝人固然博学多识,只是这样说话,似乎不应该。人心的愤怒,本自可以见到,如果是上天的愤怒,从什么地方降临?现在朝廷大军剪除流寇反贼,就这样说话,倘若两军相持不分胜负,难道是上天处于愤怒或不愤怒之间么?!”大学士等奏道:“上天看到的来自我(朝)民众看到的,上天听到的来自我(朝)民众听到的。王上尊奉上天的意愿,讨伐(天下)有罪之人,天下无敌。上天的意愿确实有所依凭,这是必然的道理。”

过了一会儿,摄政王说:“方今天下,不曾缺乏人才,但朝廷大臣贤良与否,须日久方可显现。”大学士等奏道:“王上告诉(臣等)长久任职(方可)明察的治国道理,但是现在官员缺额多而(实际)人员(数量)少,升降转认不能(顺畅进行),不急于在这一两年间,(等这一两年过后)才可以推行长久任职之事。”摄政王又告诉(大臣们):“治理天下全在得到人才。但新任官员(与上层之间)语言不通,而且很多互不认识,有什么办法可以得到好官,进行委用吗?”大学士等奏道:“汉唐以来,君臣语言相通,什么时候曾经全能够得到贤良之人?这是大臣没有得到合适人选的缘故。如果臣等内院及吏、兵二部得到合适人选,则在京官员自然得到合适人选。外地各处督、抚、巡按得到合适人选,则道、府、州、县自然得到合适人选。(如果这样的话,)天下(就)可以不用(过多)辛劳而得到(有效)治理了。”王告诉(群臣)说:“对。”

过了一会儿,(摄政王)手取弓和箭,赐给大学士冯铨。冯铨马上在(摄政王)座前谢恩。摄政王入召大学士刚林,赐给(刚林)蟒袍。又赐给明朝晋王朱爚烜、纪城王朱慈頯及投诚归顺的总兵官马科之子马如琪袍服。(然后,摄政王)召集大学士等进殿内列坐,赐给饮食。(大学士等)谢恩。饮宴结束后,(大臣们)恭敬地退出(朝堂)。

检讨成克巩恭记

六　闰六月初六日

录文

如馬科白廣恩等都著來京陛見其餘統兵頭領亦然此外士卒或解散歸農或檢選充伍務令行間周詳安插得宜王問兵部侍郎金之俊自有本部事務當言如何旁及漕運大學士等奏之俊舊司漕務且生長江南事頗洞晰漕運係國家大計廷臣皆得條陳卽庶民上言亦無不可者王曰言漕亦可江南平後告廟祀天此是禮部職掌且已具疏言過之後何又瀆陳百官各有所司越俎局外反致本等職業不修可批駁申飭行王問南京明太祖守陵人役數目輔臣奏孝陵定制會典及戶部可查王諭桑芸一疏謂滿漢言語不通致有猜疑推諉及着他指名奏來乃說原無實跡恐或有此事夫言官爲朝廷耳目必所言實實可行然後聰明有益今浮泛無據入耳經心徒費精神人之精神有限若勞頓于無間切事至於軍國重務反致照管不清大學士等奏人臣防微杜漸功令三令五申皆所以預止流弊消彌未然若待事有成

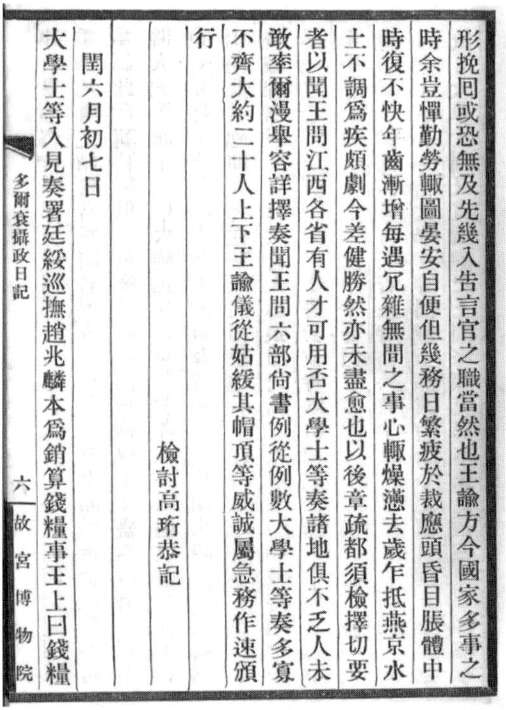
形挽回或恐無及先幾入告言官之職當然也王諭方今國家多事之時余豈憚勤勞輒圖晏安自便但幾務日繁疲於裁應頭昏目脹體中時復不快年齒漸增每遇冗雜無間之事心輒燥懑去歲乍抵燕京水土不調爲疾頗劇今差健勝然亦未盡愈也以後章疏都須檢擇切要者以聞王問江西各省有人才可用否大學士等奏諸地俱不乏人未敢率爾漫舉容詳擇奏聞王問六部尚書例從例數大學士等奏多寡不齊大約二十人上下王諭儀從姑緩其帽頂等威誠屬急務作速頒行

檢討高珩恭記

閏六月初七日

大學士等入見奏署廷綏巡撫趙兆麟本爲銷算錢糧事王上曰錢糧

多爾袞攝政日記 六 故宮博物院

启奏。王问："赵开心日日上疏，想他皆属宿构。"大学士等奏："赵御史叨蒙[①]钦赏，图报方殷，自然有怀必尽。"王问："金陵既已底定，其余诸省，即当遣人赍[②]诏招抚。"大学士等奏："招抚自是自策[③]，但别议遣人，不若即除各省抚、按等官亲往诏谕，自己地方责任，定然处事精详。百姓既有系属，草窃无不立解。"王嘉纳允行。

王谕辅臣："当遣书英王殿下，江南归附诸臣如马科、白广恩[④]等，都著来京陛见，其余统兵头领亦然。此外，士卒或解散归农，或检选充伍，务令行间周详，安插得宜。"王问："兵部侍郎金之俊[5]自有本部事务当言,如何旁及漕运?”大学士等奏:“之俊旧司漕务,且生长江南,事颇洞晰。漕运系国家大计,廷臣皆得条陈,即庶民上言,亦无不可者。”王曰:“言漕亦可。江南平后,告庙祀天,此是礼部执掌,且已具疏言过,之俊何又渎[6]陈?百官各有所司,越组局外,反致本等职业不修。可批驳申饬行。”

王问南京明太祖守陵人役数目。辅臣奏:“孝陵[7]定制,会典[8]及户部可查。”王谕:“桑芸[9]一疏,谓满 汉言语不通,致有猜疑推诿,及着他指名奏来,乃说原无实迹,恐或有此事。夫言官为朝廷耳目,必所言实,实可行,然后聪明有益。今浮泛无据,入耳经心,徒费精神!人之精神有限,若劳顿于无间切事,至于军国重务,反致照管不清。”大学士等奏:“人臣防微杜渐,功令三令五申,皆所以预止流弊,消弥未然。若待事有成形,挽回或恐无及。先几[10]入告,言官之职当然也。”王谕:“方今国家多事之时,余岂惮[11]勤劳,辄图晏安自便?!但几务日繁,疲于裁应,头昏目胀,体中时复不快。年齿渐增,每遇冗杂无间之事,心辄燥懑。去岁乍抵燕京,水土不调,为疾颇剧。今差健胜,然亦未尽愈也。以后章疏,都须捡择切要者以闻。”

王问:“江西各省有人才可用否?”大学士等奏:“诸地俱不乏人,未敢率尔[12]漫举,容详择奏闻。”王问六部尚书例从例数,大学士等奏:“多寡不齐,大约二十人上下。”王谕:“仪从姑缓,其帽顶等威,诚属急务,作速颁行。”

检讨高珩[13]恭记

注释

①叨(tāo)蒙:叨,意为承受。叨蒙,承受、蒙受的意思。

②赍(jī):怀抱着,带着。

③自策:此处疑为讹误,或为"上策"。

④白广恩:明将。初为盗,后降明,随军镇压流寇,屡立战功。松山败后与清军战,亦有斩获。后从吴甡剿寇,骄悍不为所用,大掠回陕西。复从孙传庭办贼,败于郏县,回保潼关。潼关城破,奔于固原,为李自成所围,归降,得其重用。后降清。事迹见于《明史》卷二百七十二和《贰臣传》乙编本传。

⑤金之俊:(? —1670),字岂凡,江南吴江八都(今苏州市吴江区)人。明万历四十七年(1619)进士,官至兵部右侍郎。明亡后降清,仍任原官。上疏建议蠲免京畿田租,献策十从十不从。曾劝降左懋第。董鄂氏薨逝后,写有《孝献皇后行状》。累官至中和殿大学士兼吏部尚书加太傅。康熙元年(1662)告老还乡。九年(1670)卒。事迹见《清史稿》卷二百三十八和《贰臣传》乙编本传。

⑥渎:轻慢、不恭敬。这里指越权行事。

⑦孝陵:明太祖朱元璋的陵墓。

⑧《会典》:即《大明会典》,是记载中国明代典章制度及行政法规为主的官修书。始纂于弘治十年(1497)三月,180卷。经正德时参校后刊行。嘉靖时经两次增补,万历时又加修订,撰成重修本228卷。主要根据明代官修《诸司执掌》《皇明祖训》《大明集礼》《孝慈录》《大明律》等书和百司之籍册编成,记载典章制度十分完备,凡《明史》所未载者,多有交代,为研究明代史的重要文献。

⑨桑芸:生卒年不详,字笈云,幼家贫,勤学致仕,清顺治年间为汝南

参政。

⑩先几：预先洞知细微。

⑪惮：害怕。

⑫率尔：率尔，急遽貌。指随便，无拘束貌。

⑬高珩：（1612—1697），字葱佩，号念东，晚号紫霞道人，山东淄川人。明崇祯十六年（1643）进士，选翰林院庶吉士。顺治朝授秘书院检讨，升国子监祭酒，后晋吏部左侍郎、刑部左侍郎。与蒲松龄往来甚密，并曾为《聊斋志异》作序。还将《聊斋志异》的初稿带入宫内广为传阅，对《聊斋志异》的流传起到了重要作用。康熙三十六年（1697）卒。

译文

（大臣们）开始奏事。摄政王问："赵开心天天上疏，想来他都是已经提前很久构思好的。"大学士等奏称："赵御史蒙受皇上赏识，图报（圣恩之意）正是恳切（之时），自然有想法必定言无不尽。"摄政王问："金陵既然已经平定，其余各省，应即刻派人携带圣旨前去招抚。"大学士等奏到："招抚自然是上策，但另外讨论派遣他人，不如即刻任命各省抚、按等官员亲自前往宣告诏书，自己（管辖的）地方的责任，定然处事精密翔实。百姓既然有了归附和隶属，草寇窃贼（之患）没有不立即解除的。"摄政王赞许接纳，并允许施行。

摄政王告诉辅臣："应当遣人致书英王殿下，江南归附的诸位臣子如马科、白广恩等人，命令（他们）都来京陛见，其余的统兵头领也一样。此外，（他们统领的）士兵或者解散归农，或者拣选（可用者）充实行伍，务必使军中的事务安排周详，安置妥当。"摄政王问："兵部侍郎金之俊自有他兵部的事务应当言说，怎么能够旁及漕运事务？”大学士等奏道：“之俊原来曾经掌管漕运事务，而且生长在江南，对于漕运事务知道得非常清晰。漕运属于国家大计，朝廷臣工都有权力条陈上奏，即便是普通民众上言，也没有不可以的。”摄政王说：“言说漕运事务也可以。江南平定后，祭告宗庙、郊祀天地，这是礼部的执掌，而且（礼部）已经在奏疏上说过，之俊为什么又越权条陈？百官各自有各自的职责，超越自己的职责范围去处理别的部门该管的事，反而导致自己本来的职责业务缺乏治理。（金之俊的奏本）可以批评驳正并告诫后施行。”

摄政王问南京明太祖守陵人役的数目。辅臣上奏说：“孝陵定制，《明会典》与户部可以查到。”摄政王告诉（大臣等）：“桑芸的奏疏，说满汉（官员间）言语不通，导致有猜疑推诿，等到命令他指出姓名奏报上来，却说原本没有确实事迹，恐怕或许有这样的事。言官是朝廷的耳目，必须所言真实，真实可行，然后对其做出有益的判断。而今（言官言事）虚夸不实、无凭无据，（所奏之事）入耳经心，白白地浪费元神精力！人的精力是有限度的，如果消耗在无关紧要的事情上，等到了（处理）军国重务（时），反而导致照应管理不周到。”大学士等上奏说：“人臣防微杜渐，功令三令五申，所凭借的都是预先制止流弊，（将流弊）消灭在尚未发生的时候。如果等到事态发展形成，（再想去）挽回恐怕就来不及了。预先洞知细微变化，（然后）奏言向上告知，这是言官理所应当的职责。”摄政王告诉（大学士等）：“当今国家（正处在）多事之时，我怎会害怕勤奋辛劳、只是图谋（个人的）安定、安乐和方便?！但是机要事务与日俱增，（我）疲于裁夺应对，头昏眼胀，身体时常反复不适。（我）年岁越来越大，每当遇到繁杂不断的事务，心情就急躁烦闷。去年刚刚到达燕京（的时候），（我）水土不服，得了很重的病。现在虽然好了很多,但是也没能痊愈。以后的本章奏疏,都必须选择紧要的事奏呈上来。”

摄政王问:“江西各省有可用的人才么?”大学士等上奏到:“各地都不缺乏人才,(因此)不敢轻率随便、毫无约束地荐举,容(臣等)详细选择后(再)奏上来。”摄政王问六部尚书例行的随从人员及其数量,大学士等上奏到:“(各部尚书随从人数)多寡不齐,大约二十人上下。”摄政王告诉(大学士等):“仪仗及随从的事,姑且暂缓,(官员)官帽、顶戴等威仪,实在属于紧要的急事,要从速颁行。”

检讨高珩恭记

七　闰六月初七日

录文

事宜只須咨會戶部奏繳何必一一奏告大學士等啟曰錢糧關國家
重務凡有支銷自當奏聞若徑咨會戶部不經上聞恐後世滋弊不可
爲訓此前朝舊例似不可廢又宣讀山東巡撫丁文盛本內有中軍不
避火砲等語王上曰火砲迅疾難見難避非人不欲避欲避之而不得
也若見砲不避是痴人矣王因言及昔年大兵攻錦州時洪軍門於南
山向北放砲祖大壽從城頭向南放砲我兵存身無地神器實爲凶險
後破錦州以此言語大壽大壽張惶失驚云果有此事如彼時砲中王
馬爲之柰何王笑謂大學士等云彼時兩雠相敵惟恐不中大壽言不
由中誠爲可笑王顧問大學士等曰本朝大兵平流賊甚易當時明朝
虛張聲勢動說兵數百萬若果有精兵數十萬自足破賊爲何任其流
毒致十數年不結大學士等曰賊至都城尚云不足慮只因人心懈怠
故耳大學士剛又宣讀御史王顯條陳吏部本王上曰這係吏部職掌

何須御史泛爲條陳此等不切要本章徒費人精神批答可出旨駁正
之大學士等曰人臣進言甚難亦不可概爲禁止王徐曰從輕駁之令
知警省足矣若駁之太嚴恐阻言路大學士等因推廣王意引古事伸
說王上笑納之王上諭大學士等曰予近覽洪武寶訓皆說軍國大事
實有經濟足裨治理未常泛及章奏大學士等曰實錄上亦載有本章
若祖訓皆載人君謨誥耳大學士剛又宣讀山西巡撫馬國柱本王上
曰李鑑馬國柱不可並在一處當更調一人大略滿洲人心實說過便
了漢人似不如此恐不擠之死地不止王上又諭大學士等曰本朝恩
禮前朝諸王衣服飲食時加賞賚公主與諸王一體禮宜優恤予因政
事未暇尚屬闕典今欲加賞前朝公主衣服飲食未知與例合否大學
士等對曰欽賜出自聖恩無不可者王上諭及新定冠服之製曰一品
官用東珠係極珍貴之物止許用三分重者如重過三分者當禁止啟

多爾袞攝政日記　七　故宮博物院

大学士等入见。奏署延绥[①]巡抚赵兆麟[②]本，为销算钱粮事。王上曰："钱粮事宜，只须[③]咨会[④]户部奏缴，何必一一奏告？"大学士等启曰："钱粮关国家重务，凡有支销，自当奏闻。若径咨会户部，不经上闻，恐后世滋弊，不可为训。此前朝旧例，似不可废。"

又宣读山东巡抚丁文盛[⑤]本，内有"中军不避火砲[⑥]"等语。王上曰："火砲迅疾，难见难避，非人不欲避，欲避之而不得也。若见砲不避，是痴人矣！"王因言及昔年大兵攻锦州时，洪军门[7]于南山向北放砲，祖大寿[8]从城头向南放砲，我兵存身无地，神器实为凶险。后破锦州，以此言语[9]大寿，大寿张惶失惊云："果有此事？如彼时砲中王马，为之奈何？"王笑谓大学士等云："彼时两雠[10]相敌，惟恐不中，大寿言不由中[11]，诚为可笑。"王顾问大学士等曰："本朝大兵平流贼甚易。当时明朝虚张声势，动说兵数百万，若果有精兵，数十万自足破贼，为何任其流毒，致十数年不结！"大学士等曰："贼至都城，尚云不足虑，只因人心懈怠故耳。"

大学士刚又宣读御史王显条陈吏部本。王上曰："这系吏部职掌，何须御史泛为条陈？此等不切要本章，徒费人精神批答，可出旨驳正之。"大学士等曰："人臣进言甚难，亦不可概为禁止。"王徐曰："从轻驳之，令知警省足矣。若驳之太严，恐阻言路。"大学士等因推广王意，引古事伸说。王上笑纳之。

王上谕大学士等曰："予近览洪武宝训[12]，皆说军国大事，实有经济[13]足裨[14]治理，未常泛及章奏。"大学士等曰："实录[15]上亦载有本章，若祖训皆载人君谟诰[16]耳。"

大学士刚又宣读山西巡抚马国柱[17]本。王上曰："李鉴[18]、马国柱不可并在一处，当更调一人。大略满洲人心实，说过便了；汉人似不如此，恐不挤之死地不止。"

王上又谕大学士等曰："本朝恩礼前朝诸王，衣服饮食，时加赏赉。公主与诸王，一体礼宜优恤。予因政事未暇，尚属阙典，今欲加赏前朝公主衣服饮食，未知与例合否？"大学士等对曰："钦赐出自圣恩，无不可者。"王上谕及新定官服之制曰："一品官用东珠，系极珍贵之物，止许用三分重者。如重过三分者，当禁止。"

启事毕，趋出。

学士李若琳恭记

注释

①延绥：军镇名，本为明朝九边之一，管辖今延安、绥德一片地域。初治绥德州（今陕西绥德），成化七年（1471）移治榆林卫（今陕西榆林），此后通称榆林。防地东至黄河，西至定边营。清初废。

②赵兆麟：顺治初为陕西延绥巡抚，顺治四年（1647）授都察院右佥都御史，抚治郧阳。见于《大清世祖章皇帝实录》卷三十一。

③须：必得，应该。

④咨会：明清官府之间来往致文的一种手段，以咨文的方式作为载体，多用于官阶较高的同级官署（正五品以上）或同级官阶之间，属于平行文书。

⑤丁文盛：（？—1650），清初官吏。初为明诸生。天命六年（1621）归太祖。天聪间（1627—1636）授兵部启心郎，天聪七年（1633）授世职牛录章京。事迹见于《清史稿》卷二百三十九本传。

⑥砲：同"炮"。

⑦洪军门：洪承畴（1593—1665），字彦演，号亨九，福建泉州南安英都人。明万历四十四年（1616）进士。累官至陕西布政使参政，崇祯时官至兵部尚书、蓟辽总督，松锦之战战败后被清朝俘虏，后降清并入内阁总理军务，成为重要智囊，为清朝制度建设和统治基础的奠定，建树颇多。顺治十八年（1661）自请致仕，康熙四年（1665）逝世，谥曰：文襄。

⑧祖大寿:(? —1656),字复宇,明末清初辽东宁远(今辽宁兴城)人。本为明朝将领,崇祯元年(1628)因跟随袁崇焕获得宁远大捷而升为前锋总兵官,被派驻守锦州,后又随袁崇焕保卫京师。崇祯四年(1631)大凌河之战,祖大寿粮尽援绝,于是诈降,后逃往锦州城对抗清军。清廷屡次招降不从。崇祯十四年(1641)松锦大战中,因援军洪承畴兵败,锦州解困彻底无望,于是率部降清。后随清军入山海关,顺治十三年(1656)卒于燕京(北京)。事迹见于《清史稿》卷二百三十四和《贰臣传》甲编。

⑨语(yù):对……说。

⑩雠:通"仇"。

⑪中:通"衷"。

⑫《洪武宝训》:即《皇明祖训》,顺治三年(1646)被译为满文,并以顺治皇帝的名义作序,仍刊刻满汉文字,颁布全国。

⑬经济:经世济民,治国的才干。

⑭裨:增添,补助。

⑮《实录》:即《明实录》。

⑯谟诰:谟、诰均为《尚书》文体名,这里引申为皇帝本人的训令、指示。

⑰马国柱:(? —1666),辽阳人,隶汉军正白旗,清初重要大臣。早年对皇太极完善清朝制度方面贡献颇多,是当时重要的汉臣之一。他在清军入关后奉旨担任江南江西河南总督,他也是清朝占领两江地区后的首任总督。康熙三年(1664)二月病逝。事迹见于《清史稿》卷二百三十九本传。

⑱李鉴:(? —1651),四川安县人,明崇祯元年(1628)进士,累官至宣化巡抚。顺治元年(1644)降清授原职,捕杀李自成部将黄应选等15人。二年(1645)擢升宣大总督,驻守大同。六年(1649)补宁夏巡抚。八年(1651)加右副都御史,卒赠兵部右侍郎。事迹见于《贰臣传》甲编。

译文

大学士等进入(朝堂)觐见。奏告代理延绥巡抚赵兆麟的奏本,内容是关于销算钱粮的事情。摄政王说:“钱粮的事情,只应该咨会户部上奏缴纳,何必一一奏告呢?”大学士等启奏说:“钱粮关乎国家重要事务(的开展),凡是有开支和销算,自然应该奏报(朝廷)知晓。如果直接咨会户部,不经过奏报皇上知道,恐怕后世滋生弊端,不可以作为后世的法则。这是前朝旧有的规定,似乎不可废除。”

又宣读山东巡抚丁文盛的奏本,里面有“中军不避火砲”等话语。摄政王说:“火炮迅猛飞快,难以发现也难以躲避,不是人们不想躲避,而是想躲避它也不可能。如果见到火炮还不躲避,这就是傻子了!”摄政王于是谈到当年大军攻打锦州的时候,洪军门(注:指洪承畴)从南山向北开炮,祖大寿从城头向南开炮,我军没有保存自身的安全之地,神兵利器实在是凶猛危险。后来攻破锦州,把这些情形告诉给祖大寿,祖大寿惊慌失措地说道:“果真有这样的事?如果那个时候炮火打中大王的马,这可如何是好?”摄政王笑着对大学士等说:“那个时候两军敌对相持,只害怕打不中,大寿说的不是真心话,实在是可笑。”摄政王向大学士等咨询道:“本朝大军平定流窜贼寇十分容易。当时明朝虚张声势,动辄(吹嘘)说(自己的)兵力有数百万,如果真的有精良的部队,数十万就足够攻破贼寇,为什么会放任其流毒,导致十多年不能平定!”大学士等说:“贼寇攻到都城之下,还说不足为虑,只是因为人心懈怠的缘故罢了。”

大学士刚林又宣读御史王显述说吏部(事务)的奏本。摄政王说:

“这是吏部的职掌，何必需要御史（这样）来空泛地述说？这等不得要领的本章，白白浪费人的元神精力去批答，可以拟定旨意来纠正他的错误。”大学士等说：“人臣进言十分困难，也不可以一律禁止。”摄政王缓缓地说：“从轻纠正他，让他知道警悟自省就足够了。如果纠正得太过严厉，恐怕会阻塞言路。”大学士等顺势推衍扩大摄政王的意思，引用古代的事迹延伸论说。摄政王非常高兴地接纳了。

摄政王告诉大学士等说：“我近日阅览《洪武宝训》，说的都是军国大事，实在是有经世济民（的道理），对于治理国家非常有帮助，（可惜）不曾涉及本章奏疏。”大学士等说：“《实录》上也载有本章奏疏，就像《祖训》记载的都是皇帝的训令、指示。”

大学士刚林又宣读山西巡抚马国柱的奏本。摄政王说：“李鉴、马国柱不可同时在一地方，应该更换调用（其中）一个。大概满洲人心地实在，（即便发生矛盾，）说过之后就没事了；汉人似乎不是这样，恐怕不互相排挤到（置对方于）死地不罢休。”

摄政王又告诉大学士等说：“本朝恩礼前朝诸位藩王，衣服饮食，不时地加以赏赐。公主与诸位藩王，一律以礼相待、优待照顾。我因为（处理）政事没有时间（顾及），（这种优待）还属于典章制度的残缺，现在想要加赏前朝公主衣服饮食，不知是否符合规定？”大学士等回答说：“钦赐出自圣上的恩典，没有不可以的。”摄政王谈到新近制定的官服制度，说：“一品官用东珠，这是极为珍贵的物品，只允许用三分重的（东珠）。如果有使用重量超过三分的，应当予以禁止。”

（大学士等）启奏事务完毕，快步退出（朝堂）。

学士李若琳恭记

八　闰六月十二日

录文

事畢趨出

學士李若琳恭記

閏六月十二日

啟奏大學士剛奏事及逃兵事皇叔父攝政王曰我朝兵力强盛兵逃
非畏死也想緣錢糧不足不能自贍耳姑從輕處六部都察院諸臣入
見賜茶王諭諸臣曰方今江南平定人心歸附若不乘此開基一統豈
不坐失機會諸臣各宜同心一力因時建功凡屬職業當務切實恪共
底績毋尙虛名徒飾浮說吏部左侍郎陳名夏同都察院副都御史劉
漢儒奏云應天江西湖廣已歸版圖宜速遣撫按官前去撫定江楚久
被左兵蹂躪民如倒懸若早遣官一日百姓早受一日之利推用撫按
各有地方責任自去料理不必另設招撫官况福建路繇浙江兩廣路

由江西川貴路由湖廣此三省巡撫尤當先設須有條理次第劉漢儒奏云招撫須用大有擔當的去方可王曰未平地方宜用大臣先去招撫隨設撫按繼之陳名夏復奏云臣於江南道里頗悉願承命往王問諸臣所見何如禮部左侍郎孫之獬奏云未定地方宜用大臣去宣揚威德招其來歸王曰俟再思之六部諸臣趨出王問大學士馮曰昨見御史馬兆煃一疏與予心甚不合馬御史本內言天時積雨民居半傾有死傷人民宜賜棺賑濟此亦仁政一端予想行政施仁宜普宜實有重有輕若止盜虛名不審時度勢則政何由行遂問大學士等曰府州縣道地方霖雨亦同京師否如同自宜溥施賑恤若止恩及京師內外異視惡乎可大學士等奏云馬御史巡視該城地方職所應言況京師爲根本重地亦無非從朝廷百姓起見王曰予不說馬御史不是但我素性遇有干譽邀名之事不惟我不肯爲卽見人爲之亦不勝其羞恥

大學士等奏云京師爲首善之地原與外郡縣不同馬御史此奏事體雖小或不必行自後恩澤似宜加厚王曰是卿等大臣凡事俱要匡救不可面從賜大學士及學士史官等飯王曰文王澤及枯骨古今相傳以爲美談向使桀紂行之便貽笑於後世古今異勢不相沿而治若必執堯舜之道行之今日亦有不便者惟因時制宜務使百姓普被恩澤方可若沾沾小惠我所不爲大學士等奏云文王仁政極多枯骨特其一耳臣願王上法堯舜文武之道以治天下王問曰張獻忠今安在大學士等奏云張獻忠聞據四川地險而富負固未服王諭大學士曰天下未定民生未遂我焦心勞思匪朝伊夕幸邀天眷疆宇日廣惟速宜治理務致化成但恐草野之間特起豪傑則難爲收拾大學士等奏云天下大矣豈無豪傑但豪傑最識時務朝廷之上政治詳明雖有豪傑亦退而聽命倘事有不善則此輩伺隙窺釁臣願王上常惕此心王曰

明朝宗藩蒙古諸王俱丁衰運全不見有奇偉豪傑大學士等曰此中
實無豪傑誠如王諭王又問曰明朝俱說分黨若是同心爲朝廷這等
的黨也是好的大學士李奏云君子和而不同小人同而不和從國家
百姓起見這是和從身家私欲起見這是同和與同原有分別大學士
馮奏云諸臣所言所爲俱難逃王上洞察王曰別的聰明我不能這知
人一事我也頗用工夫大學士李奏云帝王之治在知人在安民知人
則哲惟帝其難之知其賢而用之則民安不知其不賢而用之則民危
王上智勇天授然不可自恃知人之明還要兼聽王曰說的是因諭大
學士曰我每見攻陷一城輙有死節良由明朝諸臣讀書明理使然卽
此可見明朝還有好人所以國祚延三百年雖云如此都是爲身後之
名不是君恩感激的只見崇禎身沒並無一官同死我故云爲名死節
不是爲君死節又諭大學士洪曰我在東邊只聞洪軍門是至清的好

启奏。大学士刚奏事及逃兵事。皇叔父摄政王曰:“我朝兵力强盛,兵逃,非畏死也,想繇[1]钱粮不足,不能自赡[2]耳。姑从轻处。”

六部、都察院诸臣入见,赐茶。王谕诸臣曰:“方今江南平定,人心归附,若不乘此开基一统,岂不坐失机会?诸臣各宜同心一力,因时建功,凡属职业,当务切实恪共底绩,毋尚虚名,徒饰浮说。”

吏部左侍郎陈名夏[3]同都察院副都御使[4]刘汉儒奏云:“应天[5]、江西、湖广[6]已归版图,宜速遣抚、按官前去抚定。江楚久被左[7]兵蹂躏,民如倒悬[8],若早遣官一日,百姓早受一日之利。推用抚、按,各有地方责任自去料理,不必另设招抚官。况福建路繇[9]浙江,两广路由江西,川、贵路由湖广,此三省巡抚,尤当先设,须有条理次第。”刘汉儒奏云:“招抚须用大有担当的去方可。”王曰:“未平地方,宜用大臣先去招抚,随设抚、按继之。”陈名夏复奏云:“臣于江南道里颇悉,愿承命往。”王问诸臣所见何如,礼部左侍郎孙之獬[10]奏云:“未定地方,宜用大臣去宣扬威德,招其来归。”王曰:“俟再思之。”

六部诸臣趋出。王问大学士冯曰:“昨见御史马兆煃[11]一疏,与予心甚不合。马御史本内言:‘天时积雨,民居半倾,有死伤人民,宜赐棺赈济。此亦仁政一端。’予想行政施仁,宜普宜实,有重有轻。若止盗虚名,不审时度势,则政何由行?!”遂问大学士等曰:“府、州、县、道地方霖雨亦同京师否?如同,自宜溥[12]施赈恤。若止恩及京师,内外异视,恶乎可!”大学士等奏云:“马御史巡视该城地方,职所应言。况京师为根本重地,亦无非从朝廷百姓起见。”王曰:“予不说马御史不是。但我素性遇有干誉邀名之事,不惟我不肯为,即见人为之,亦不胜其羞耻。”大学士等奏云:“京师为首善之地,原与外郡县不同。马御史此奏,事体虽小,或不必行。自后恩泽似宜加厚。”王曰:“是。卿等大臣,凡事俱要匡救,不可面从。”赐大学士及学士、史官等饭。

王曰:“文王泽及枯骨,古今相传以为美谈。向使桀、纣行之,便贻笑于后世。古今异势不相沿而治,若必执尧、舜之道,行之今日,亦有不便者。惟因时制宜,务使百姓普被恩泽方可。若沾沾小惠,我所不为。”大学士等奏云:“文王仁政极多,枯骨特[13]其一耳。臣愿王上法尧、舜、文、武之道以治天下。”

王问曰:“张献忠[14]今安在?”大学士等奏云:“张献忠闻据四川,地险而富,负固未服。”王谕大学士曰:“天下未定,民生未遂,我焦心劳思,匪朝伊夕。幸邀天眷,疆宇日广,惟速宣治理,务致化成,但恐草野之间,特起豪杰,则难为收拾。”大学士等奏云:“天下大矣,岂无豪杰?但豪杰最识时务,朝廷之上政治详明,虽有豪杰,亦退而听命。倘事有不善,则此辈伺隙窥衅。臣愿王上常惕[15]此心。”王曰:“明朝宗藩、蒙古诸王俱丁衰运,全不见有奇伟豪杰。”大学士等曰:“此中实无豪杰,诚如王谕。”王又问曰:“明朝俱说分党。若是同心为朝廷,这等的党也是好的。”大学士李奏云:“君子和而不同,小人同而不和。从国家百姓起见,这是和;从身家私欲起见,这是同。和与同，原有分别。”大学士冯奏云：“诸臣所言所为，俱难逃王上洞察。”王曰：“别的聪明我不能，这知人一事，我也颇用工夫。”大学士李奏云：“帝王之治，在知人，在安民。知人则哲，惟帝其难之。知其贤而用之，则民安；不知其不贤而用之，则民危。王上智勇天授，然不可自恃知人之明，还要兼听。”王曰：“说得是。”因谕大学士曰：“我每见攻陷一城，辄有死节，良由明朝诸臣读书明理使然。即此可见明朝还有好人，所以国祚延三百年。虽云如此，都是为身后之名，不是君恩感激的，只见崇祯身没[16]，并无一官同死。我故云为名死节，不是为君死节。”又谕大学士洪曰：“我在东边，只闻洪军门是至清的好官，其用兵上阵亦有可观。如松山之役，我颇劳心焦思，亲自披坚执锐。卿后虽无成，亦足见卿之能。我之体弱精疲，亦由于此。”大学士冯奏云：“洪军门前虽得罪，今承使南方，功成亦可赎罪。”王曰：“我亦见他做得来，诸王也荐他好，故令他南去。”

诸臣饭毕，王各赐香瓜一银盘。大学士等顿首谢，趋出。

检讨罗宪汶[17]恭记

注释

①繇：通“由”。此处意为因为。

②赡：供给。

③陈名夏：（1601—1654），字百史，江南溧阳（今属江苏常州溧阳）人。

崇祯十六年(1643)廷试第三名(探花),官翰林修撰,兼户兵二科都给事中。南明福王时,投靠入京的李自成。清顺治二年(1645)降清,以王文奎荐,复原官,旋擢吏部左侍郎兼翰林侍读学士。累官内秘书院大学士。以徇私植党,滥用匪人,后因多尔衮追论谋逆,为宁完我所劾,与刘正宗共证名夏揽权欺君罪,受株连被劾论死。事迹见于《清史稿》卷二百四十五和《贰臣传》乙编本传。

④副都御使:应为副都御史,官名。明朝时始置,为都察院左右都御史的副职,亦分左右,正三品。在外督抚,也加都御史或副、佥都御史衔。清沿置,以左副都御史协理都察院事,满汉各二人。以右副都御史与右都御史、右佥都御史为外督抚系衔。乾隆十三年(1748)废右都御史衔。

⑤应天:即今南京。明初建国后,至正十六年(1356),朱元璋将集庆路改为应天府,定为首都,洪武十一年(1378)改称京师。永乐十九年(1421)明成祖北迁,以北京为京师,恢复南京之名,仍为应天府,作为留都。清初顺治二年(1645),改南京(南直隶)为江南省,改应天府为江宁府。

⑥湖广:即湖广行省。明初设湖广承宣布政使司,也简称"湖广""湖广行省""湖广省",辖湖北、湖南和河南小部分。

⑦左:即左良玉、左梦庚父子。左良玉(? —1645),字昆山,山东临清人。官至平贼将军、太子少保,封南宁侯。初在辽东与清军作战,曾受侯恂提拔。后在镇压农民军的战争中,不断扩大部队,日益骄横跋扈,拥兵自重。崇祯十七年(1644)三月封宁南伯。南明福王朱由崧即位后,又晋为侯,镇守武昌。此时,弘光政权中马士英、阮大铖用事,排斥东林党人。他袒护东林党人,且怀有个人野心,于顺治二年(1645)三月二十三日从武昌起兵,以清君侧为名,进军南京。未几,病死于九江舟中。事迹见于《明史》卷二百七十三本传。左梦庚(? —1654),左良玉病卒后,诸将推梦庚为帅。顺治二年(1645),清英亲王阿济格逐李自成至九江,左梦庚率众降。师还,命隶汉军正黄旗。五年(1648),叙来降功,授一等精奇尼哈番(清爵名,"精奇尼哈番"为满语,即子爵)。后从

英亲王讨大同叛将姜瓖,攻左卫,克之。擢本旗固山额真。十一年(1654)卒。事迹详见《清史稿》卷二百四十八和《贰臣传》乙编本传。

⑧倒悬:头向下、脚向上悬挂着。比喻极其艰难、危险的困境,常用在民意、军事、政治等方面重大变化上。

⑨繇:通“由”,此处意为经过。

⑩孙之獬(xiè):(1591—1647),字龙拂,山东省淄川县人,天启二年(1622)举进士,为庶吉士,继为翰林院检讨。天启七年(1627)充顺天乡试正考官。党附魏忠贤,魏忠贤倒台后,明崇祯帝下令毁掉由阉党编写的以排斥、诛杀异己为目的的《三朝要典》,他曾抱着《三朝要典》到太庙痛哭,为士林所不齿,被革职为民。清入关后,召他入京,授官礼部右侍郎,他主动剃发迎合,并上疏建议下令让汉人剃发留辫,被多尔衮采纳。英亲王阿济格定九江后,他自请前往招抚,遂命以兵部尚书衔招抚江西。后以“久任无功,市恩沽誉”,再被革职。顺治三年(1646)秋,山东爆发了谢迁领导的农民起义,他被活捉,斩首市曹,暴尸通衢。事迹见于《清史稿》卷二百四十五和《贰臣传》乙编本传。

⑪马兆煃(kuǐ):直隶人,明崇祯十三年(1640)进士,清朝入关后,考选陕西道监察御史,巡按湖北。

⑫溥:通“普”,普遍。

⑬特:仅仅,只。

⑭张献忠:(1606—1647),字秉中,号敬轩,明末农民起义军领袖,与李自成齐名。崇祯十三年(1640)率部进入四川,崇祯十七年(1644)在成都建立大西政权,即帝位,年号大顺。清顺治三年(1646),清军南下,张献忠引兵拒战,在西充凤凰山中箭而亡。

⑮惕:戒惧,小心谨慎。

⑯没:同“殁”,死亡。

⑰罗宪汶:江西南昌人,崇祯十六年(1643)进士。清朝入关后,充任内三院检讨。

译文

(大臣们)开始奏事。大学士刚林上奏关于逃兵的事。皇叔父摄政王说:"我朝兵力强盛,士兵逃亡,不是因为怕死,想来是因为钱粮不足,不能养活自身(及家口)。姑且从轻处罚。"

六部、都察院的诸位大臣入见。摄政王说:"正当现在江南平定,人心归顺,如果不趁此时机开创大一统的基础,难道不是坐失机会?诸位臣工各自应同心协力,顺应时势,建功立业,凡属于(拥有)职责业务(的臣工),当务切实共同恪守已有成绩,不要崇尚虚名,只知修饰虚浮不实的言谈。"

吏部左侍郎陈名夏连同都察院副都御史刘汉儒上奏说:"应天、江西、湖广已归入(大清)版图,应该尽快派遣巡抚、巡按前去安抚平定。江楚一带长时间被左良玉父子的乱兵蹂躏,民众处境极为艰难,如果及早派遣官员一天,百姓就能早一天获得朝廷给予的好处。推荐选用巡抚、巡按,(他们)各自有自己(负责的)地方的责任去照料处理,不需要另行设立招抚官。况且(去往)福建路上要经过浙江,(去往)广东、广西路上要经过江西,(去往)四川、贵州路上要经过湖广,这三个省的巡抚,尤其应该先行设置,必须有条理和先后顺序。"刘汉儒上奏说:"招抚必须选用大有担当的(官员)前往才可以。"摄政王说:"没有平定的地方,应该选用大臣先前往招抚,再接着设置巡抚、巡按接替他。"陈名夏又上奏说:"臣对江南地区的道路和里程非常熟悉,愿意承担使命前去。"摄政王问诸位大臣意见如何,礼部左侍郎孙之獬上奏说:"没有平定的地方,应该选用大臣去宣扬(朝廷的)威严和德行，招徕百姓前来归附。”摄政王说：“等我再想想。”

六部诸位大臣快步退出(朝堂)。摄政王问大学士冯铨说：“昨天看到御史马兆煃的奏疏，与我的心意十分不合。马御史的奏本里说：‘天气时常长久降雨，民居半数倾倒，有死亡和受伤的百姓(出现)，应该赐给棺木和救济财物。这也是仁慈的统治措施之一。’我认为施行仁慈的统治政策，应该普遍应该实在，有轻重的分别。如果只是博取虚伪的名声，不观察分析时势和估计情况的变化，那么施政将要从何处开始呢?！”于是，问大学士等说：“各地方降雨(的量)也与京师相同么?如果相同，自然应该普遍施加赈济和抚恤。如果恩德只在京师(施行)，内与外区别看待，这怎么可以呢！”大学士等上奏说：“马御史巡视的就是京城的这片地域，(奏本的内容正是他的)职责所应该说的话。况且京师是(国家的)根本重要地域，(马御史这么说)也无非是从(对)朝廷和百姓(有益的角度)出发。”摄政王说：“我不说马御史的不对。但我素来的性情是遇到有沽名钓誉的事情，不仅是我不肯做，即便是见到他人做了，也(感到)非常的羞耻。”大学士等上奏说：“京师为首善之地(全国的表率)，原本就和外地其他郡县不同。马御史的这个奏本，事情虽然小，或许不一定施行。(但)自今而后(施加给百姓的)恩泽似乎应该更为丰厚。”摄政王说：“对。你们这些大臣，凡事都要扶正挽救，不可以(意见不同而)在表面上屈从。”(说完，摄政王)赏赐大学士及学士、史官等共同进餐。

摄政王说：“周文王的恩泽(能够)遍及死去的人，由古至今互相传说，认为是令人称道赞颂的事。假如让夏桀、商纣做这件事，就会被后世耻笑。古今形势不同，不相沿袭，而治理(国家)如果一定执行尧、舜的办法，在当今(情况下)施行，也会有不方便的地方。只有根据形势制定适宜的办法，我务必要让百姓普遍受到恩泽才可以。如果只得意于小恩小惠，这不是我所做的事。"大学士等上奏说："周文王仁慈的统治措施非常多，（恩泽遍及）死去的人只是其中之一罢了。臣等希望王上效法尧、舜、文、武的办法治理天下。"

摄政王问："张献忠现在在哪儿？"大学士等上奏到："听说张献忠占据四川，地势险要而且富足，仗着（那里的）地势险要，粮食富足，（所以）没有臣服。"摄政王告诉大学士说："天下没有平定，百姓的生活不顺遂，我心情焦虑，操心担忧，已经很长一段时间，不止一天了。幸而得到上天的眷顾，疆域领土日益广大，只有尽快宣扬治国的道理，务必做到教化成功，但是恐怕乡野民间，会有豪杰兴起，那样就很难收拾。"大学士等上奏说："天下太大了，怎么能没有豪杰呢？但豪杰最能认清形势，通权达变，（只要）朝廷上的政治审慎明敏，即使有豪杰，也会听从（朝廷的）号令。如果政事有不妥善（的地方），则这种人（就会）等待时机，找寻机会兴起。臣希望王上常能怀此警惕之心。"摄政王说："明朝宗室藩王、蒙古诸王都是人才凋零，全然见不到奇异不凡、才能出众的人。"大学士等说："这些人中实在没有才能出众的人，就像大王说的那样。"摄政王又问："都说明朝（朝臣）分朋党。如果是同心协力为朝廷（做事），这样的朋党也是好的。"李大学士上奏说："君子（之间）见解不同而保持和气，小人（之间）见解虽然相同却不和气。（如果）从国家和百姓的角度出发，这是和；（如果）从身家私欲的角度出发，这是同。和与同，原本就有分别。"大学士冯铨上奏说："诸位大臣的言行，都难以逃脱王上的洞察。"摄政王说："别的聪明我不能，识别和了解人这件事，我也是非常下功夫的。"李大学士上奏云："帝王的统治，（关键）在于识别人才，在于安定民众。能够识别人才，就是有智慧的，但对于帝王而言又很难。了解到一个人的贤能并且能够任用他，那么民众就安定了；不能认识到一个无才能之人的德行，却(还要)任用他,那么民众就危险了。王上有大智慧大勇气,但不可过分倚仗识别人才的明智,还需要广泛听取意见。”摄政王说:“说得对。”于是告诉大学士说:“我每次见到攻陷一座城池,就有为保全节操而死的人,的确是因为明朝诸位大臣读书明理所致。由此可见,明朝还有好的臣子,所以能够享国近三百年。虽然是这么说,(但)都是为(博取)死后的名声,不是受到君主恩惠而心存感激的,只见崇祯皇帝为国身死,并没有一个官员陪同赴死。所以我才说(他们是)为身后的名声死节,不是为君主死节。”又手谕大学士洪承畴说:“我在东边(的时候),只听说洪军门是最为清廉的好官,用兵布阵上也有较高的水平。比如:松山之战,我非常操心焦虑,亲自披挂上阵。你后来虽然没有成功,(但是)也足以见证你的能力。我身体虚弱、精神疲惫,也是因为这件事。”大学士冯铨上奏说:“洪军门之前虽然获罪,现今承担使命前往南方,(如果)成功也可将功赎罪。”摄政王说:“我也看他能做得好,诸位王爷也推荐他的好处,因此让他南去。”

诸位大臣吃完饭,摄政王各赐(每位大臣)香瓜一银盘。大学士等磕头谢恩,快步退出(朝堂)。

检讨罗宪汶恭记

九　闰六月十四日

录文

官其用兵上陣亦有可觀如松山之役我頗勞心焦思親自披堅執銳
卿後雖無成亦足見卿之能我之體弱精疲亦由於此大學士馮奏云
洪軍門前雖得罪今承使南方功成亦可贖罪王曰我亦見他做得來
諸王也薦他好故令他南去諸臣飯畢王各賜香瓜一銀盤大學士等
頓首謝趨出

檢討羅憲汶恭記

閏六月十四日

內院諸臣奏事先是霪雨是日天霽王諭曰昨日君臣引咎分過今日
天卽清爽上下宜各盡乃心內院臣頓首王曰成湯以六事自責天便
大雨也只是他自修德若後世之君便身爲犧牲天未必應內院臣對
曰人君一言之善亦可回天身爲犧牲亦只躬親料理犧牲之事犧牲

乃有司之責成湯以身親之非真以身代犧牲也王諭曰明季稅法太煩細小物件亦有稅課竟說不盡此是祖宗舊規抑是後來巧取內院臣對曰會典所載乃爲正稅其餘悉是加添大抵貪官奸吏設法侵欺朝廷亦未必受其利此弊政之最大者王又諭曰近來人家皆設佛堂不知何意人果善天必佑之若不善祈福何益內院臣對曰愚人無知妄爲希福更有善跋邪說惑世誣民尤爲可恨須聖人之教大明則異端邪說自止王諭內院臣洪承疇曰凡我所心愛之人雖萬金不惜昨賜卿衣帽所直無幾卿此行須用心做事承疇對曰感王上厚恩敢不竭盡心力奏畢各退

檢討劉肇國恭記

閏六月十八日

多爾袞攝政日記　十　故宮博物院

内院诸臣奏事。先是霪雨[①]。是日天霁[②]，王上谕曰："昨日君臣引咎分过，今日天即清爽，上下宜各尽乃心。"内院臣顿首。

王曰："成汤以六事自责[③]，天便大雨，也只是他自修德。若后世之君，便身为牺牲[④]，天未必应。"内院臣对曰："人君一言之善，亦可回天，身为牺牲，亦只躬亲料理牺牲之事。牺牲乃有司之责，成汤以身亲之，非真以身代牺牲也。"

王谕曰："明季税法太烦，细小物件亦有税课，竟说不尽。此是祖宗旧规，抑是后来巧取？"内院臣对曰："会典所载乃正税,其余悉是加添。大抵贪官奸吏设法侵欺,朝廷亦未必受其利,此弊政之最大者。”

王又谕曰:“近来人家皆设佛堂,不知何意。人果善,天必佑之,若不善,祈福何益?”内院臣对曰:“愚人无知,妄为希福,更有善跛邪说惑世诬民,尤为可恨。须圣人之教大明,则异端邪说自止。”

王谕内院臣洪承畴曰:“凡我所心爱之人,虽万金不惜。昨赐卿衣帽,所直无几,卿此行须用心做事。”承畴对曰:“感王上厚恩,敢不竭尽心力!”

奏毕,各退。

检讨刘肇国⑤恭记

注释

①霪雨:久雨,时间较长的下雨。

②霁:天晴。霁,指雨雪停止,天放晴。

③以六事自责:历史典故。相传商初天下大旱,成汤曾祷于桑林,以六事自责。《荀子·大略》:“汤旱而祷曰:‘政不节与?使民疾与?何以不雨至斯极也!宫室荣与?妇谒盛与?何以不雨至斯极也!苞苴行与?谗夫兴与?何以不雨至斯极也!’”

④牺牲:此为古今异义词。古时指供祭祀、盟誓、宴享用的纯色全体牲畜,色纯为“牺”,体全为“牲”。《周礼·地官·牧人》:“凡祭祀,共其牺牲。”郑玄注:“牺牲,毛羽完具也。”《汉书·礼乐志》:“河龙供鲤醇牺牲。”颜师古注:“醇谓色不杂也。牺牲,牛羊全体者也。”

⑤刘肇国:字敏功,号阮仙,湖广潜江(今湖北潜江)人。明崇祯十六年(1643)进士,改庶吉士。入清后历官内翰林弘文院检讨、国史院学士、教习、掌院学士,乃皇帝之亲近宠信大臣。主要著作有《茭湄集》。顺治十五年(1658),病逝于扬州。

译文

内院各位大臣奏事。此前下了很长时间的雨,这一天天气转晴,王上告诉大臣们:“昨天君臣各自分担过失,今天天气就清新爽快起来,上下应该各自尽到自己的心力。”内院各位大臣磕头(表示敬服)。

摄政王说:“成汤用六事(向上天)自我责罚,天便下起大雨,也只是他自己修养德行。如果是后世的君主,即便是把自身当作献给上天的祭品,上天也不一定回应了。”内院各位大臣回答说:“人君一句言谈的善念,也可以扭转乾坤,以自身为祭品,也只是自己亲自料理献祭的事情。奉献祭品是相关部门的责任,成汤自身亲力亲为,并不是真的把自己代替牛羊作为祭品。”

摄政王告诉(大臣们):“明朝税法太过繁琐,细小物件也有赋税,竟然无法全部说清。这(到底)是(明朝皇帝)祖宗旧有的法规,还是后来的巧取豪夺?”内院大臣们回答说:“《会典》中记载的赋税是正税,其余的赋税都是后来加添的。大都是贪官奸吏想方设法侵占欺瞒,朝廷也不一定从中得到好处,这(才)是最大的弊政。”

摄政王又告诉(大臣们)说:“近来百姓家中都设有佛堂,不知道是什么意思。假若一个人果真善良,上天必定会护佑他,假若不善良,祈福又有什么用呢?”内院大臣回答说:“愚昧之人不懂情理,胡作非为希求福报，更有善于践踏人心的有害说法蛊惑世人、欺骗民众，尤其可恨。必须让圣人的教化发扬光大，那么违背正统的不好的说法自然停止。”

摄政王告诉内院大臣洪承畴说：“凡我心中爱惜的人才，纵然花费万金也在所不惜。之前赐给卿的衣冠，(虽然)价值没有多少，(但是)卿这次出行必须用心做事。”承畴回答说：“(臣)感念王上深恩厚德，怎么敢不竭尽心力(做事)！”

(大臣们)奏事完毕，各自退出。

检讨刘肇国恭记

十　闰六月十八日

录文

大學士等啟事讀總督軍門楊方興奏本王曰總督楊軍門自受事以來兵馬錢糧事事幹辦可謂恪共乃職者矣大學士等對曰誠如王諭楊方興不曾遲誤一事不曾差錯一事王曰欽天監占十六日夜月食云有陰雲微風自西南來主吉年歲豐稔前此有占又云主有災祲疾厲等事條吉條凶何所信從大學士等曰占驗有書書云吉則言吉云凶則言凶占候官不過據書奏報啟事畢賜茶趨出

學士李若琳恭記

閏六月二十一日

大學士等入啟事讀山西巡撫馬國柱奏本言土賊擾害岢嵐州一帶王上問岢嵐州在何處大學士等對曰在太原府西北方王上問距黃河遠近對曰不遠大學士剛又讀順天提學御史曹溶本王上曰順天

大学士等启事。读总督军门杨方兴奏本。王曰："总督杨军门自受事以来，兵马钱粮，事事干办，可谓恪共乃职者矣。"大学士等对曰："诚如王谕。杨方兴不曾迟误一事，不曾差错一事。"

王曰："钦天监占十六日夜月食，云'有阴云，微风自西南方来，主①吉，年岁丰稔②'。前此有占又云'主有灾，祲③疾厉④'等事。倏⑤吉倏凶，何所信从？"大学士等曰："占验有书，书云吉则言吉，云凶则言凶，占候官不过据书奏报。"

启事毕。赐茶，趋出。

学士李若琳恭记

注释

①主：预示。

②丰稔(rěn)：丰熟富足。

③祲(jìn)：音进，意为不祥之气，妖氛。

④疾厉：谓因疾惫而致危厉。

⑤倏：忽然。

译文

大学士等开始奏事。读到总督军门杨方兴的奏本。摄政王说："总督杨军门自从接受任用以来，兵马钱粮，每件事都做得干练，真可以说是恪尽职守啊！”大学士等回答说：“正如王上所说。杨方兴不曾迟延耽误一件事，不曾办错一件事。”

王上说：“钦天监占卜十六日夜晚的月食，说是‘有阴云，微风从西南方向来，预示着吉祥，年岁收成丰熟富足’。在这之前有占卜又说是‘预示着有灾祸，不祥的气氛非常危险厉害’等等。一会儿忽然说吉祥，一会儿忽然又说凶险，到底该相信哪个？”大学士等说：“占卜验算是有书（可以根据的），书上说吉祥就报说吉祥，说凶险就报说凶险，占候官不过根据书上所言奏报。”

（大学士等）奏事完毕。（摄政王）赐给（大学士等）茶水，（大学士等）快步退出。

学士李若琳恭记

十一　闰六月二十一日

录文

鄉試進塲秀才三千可謂多人大學士等對曰進塲秀才向來有四千五百餘人皆由提學官選擇起送其中式者不過一百四五十名而已

又讀工科朱鼎蒨一本王上問明朝凡遇興作是發銀還是派夫大學士等對曰明朝一切大小工役俱是發銀僱覓並無派夫之例至於濬溝一事止宜各家自濬門前溝渠若派南北二城民夫濬中東西三城之溝誠爲苦累王上問京師居民若干對曰崇禎二年曾查過內外二城共七百萬王良久曰此役不過暫借一時後不爲例王又曰這本據事指陳正是言官職掌准下部議王又曰章奏一事是非可否自有一定之理君臣不妨明講是者固宜嘉納非者亦宜折中若槩爲包容似乎不可大學士等奏都察院具揭爲趙開心討衣帽王云與他良久又云不是爲剃頭賞他但因他敢言大率趙開心言事十件未必盡是然可聽者居多大學士等對曰敬如王諭事畢趨出

大学士等入启事。读山西巡抚马国柱奏本，言土贼扰害岢岚州[1]一带。王上问："岢岚州在何处？"大学士等对曰："在太原府西北方。"王上问："距黄河远近？"对曰："不远。"

大学士刚又读顺天[2]提学御史曹溶[3]本。王上曰："顺天乡试，进场秀才三千，可谓多人。"大学士等对曰："进场秀才向来有四千五百余人，皆由提学官[4]选择起送，其中式[5]者不过一百四五十名而已。"

又读工科朱鼎蕃一本。王上问："明朝凡遇兴作，是发银还是派夫？"大学士等对曰："明朝一切大小工役，俱是发银雇觅，并无派夫之例。至于浚沟一事，止宜各家自浚门前沟渠，若派南、北二城民夫浚中、东、西三城之沟，诚为苦累。"王上问京师居民若干。对曰："崇祯二年曾查过，内、外二城共七百万。"王良久曰："此役不过暂借一时，后不为例。"王又曰："这本据事指陈，正是言官执掌，准下部议。"王又曰："章奏一事，是非可否，自有一定之理，君臣不妨明讲。是者固宜嘉纳，非者亦宜折中，若概[6]为包容，似乎不可。"

大学士等奏："都察院具揭为赵开心讨衣帽。"王云："与他。"良久又云："不是为剃头赏他，但[7]因他敢言。大率[8]赵开心言事，十件未必尽是，然可听者居多。"大学士等曰："敬如王意。"

事毕，趋出。

侍读陈具庆恭记

注释

①岢岚州：今山西省岢岚县，隶属于山西省忻州市，位于晋西北黄土高原中部，管涔山西北麓。

②顺天：即顺天府。明洪武元年(1368)，改元大都为北平府，永乐元年(1403)正月，升为北京，改为顺天府。清代北京地区称为顺天府，顺天府的辖区在清初多有变化，乾隆八年(1743)开始固定了下来，共分为东、南、西、北四路厅，领通、蓟、涿、霸、昌平五州并大兴、宛平、良乡、房山等十九县。

③曹溶：(1613—1685)，字秋岳，一字洁躬，亦作鉴躬，号倦圃、鉏菜翁，秀水(今浙江嘉兴)人。明崇祯十年(1637)进士，官御史。清顺治元年(1644)清兵入北京后仕清，初授原官，起用河南道御史，任顺天学政，督学顺天，为清王朝献策，疏陈定官制，定屯田、盐法、钱法规制。三藩之乱后，丁忧不复出。尝筑书楼于嘉兴南湖之滨的倦圃别业，称"静惕堂"，藏书极富。康熙二十四年(1685)卒。事迹详见《清史稿》卷四百八十四和《贰臣传》甲编本传。

④提学官：即提督学政。是明清两代省级教育行政长官，由朝廷任命，其任务是巡视省内各府、州、县学，检查教学质量，选拔进入国子监学习和参加乡试的生员。

⑤中式：符合特定规格的，这里指通过考试。

⑥概：一律。

⑦但：只，仅，只是。

⑧大率：大体、大致、大概。

译文

大学士等进入朝堂开始奏事。读到山西巡抚马国柱的奏本，提到当地土匪搅扰祸害岢岚州一带。摄政王问："岢岚州在什么地方？"大学士等回答说："在太原府的西北方向。"摄政王又问："距离黄河是远还是近？"（大学士）回答说："不远。"

大学士刚林又读到顺天提学御史曹溶的奏本。摄政王说："顺天府乡试，进入考场的秀才就有三千，可说是人很多了。"大学士等回答说："进入考场的秀才一直以来有四千五百余人，都是由提学官选择起送的，他们之中能够符合规定的，不过一百四五十名而已。"

又读到（内阁）工科朱鼎蒨（qiàn）的奏本。摄政王问："明朝凡是遇到兴建制作（的工程），是（由朝廷）分发银两（雇人）还是征派民夫？"大学士等回答说："明朝一切大小工程徭役，都是分发银两，花钱寻找（帮忙的人），并没有征派民夫的规定。至于疏浚沟渠这种事，也只适合各家疏通各自门前的沟渠，若征派南、北二城的民夫疏浚中、东、西三城的沟渠，实在是辛苦劳累。"摄政王问到京师居民的数量。（大学士等）回答说："崇祯二年（1629）时曾经查过，内、外二城共有七百万人。"过了好一会儿，摄政王说："这次的力役不过是暂借一时，以后不为例。"摄政王又说："这个奏本根据事实指明和陈述，正是言官的职责所在，批准下发各部讨论。"摄政王又说："本章奏疏这种事，是非可否，自有一定的道理，君主和臣子（之间）不妨说清楚。正确的固然应该赞许并采纳，不正确的也应该予以协调，使各方都能接受，若一律为了包容（而不加分辨），似乎不可以。"

大学士等上奏说:“都察院呈上揭帖为赵开心讨要官衣官帽。”摄政王说:“给他。”过了一会儿又说:“不是为了剃头(的事情)奖赏他,只是因为他敢于直言。大体上说,赵开心进谏或议论政事,十件不一定都对,但是可以考虑的居多。”大学士等说:“就按您的意愿办。”

(大学士等)奏事完毕,快步退出(朝堂)。

侍读陈具庆恭记

十二　七月初九日

录文

侍讀陳具慶恭記

七月初九日

啟事王曰今天下一統事務漸繁文職自宜廣用王問凡盜劫財傷人或宜分首從概置之死似乎不忍輔臣對曰强盜結夥爲暴法均無赦或人數衆多元惡伏罪其餘情係脅從者亦與解釋王曰說得是王又言凡問刑定罪仍該巡按御史再審者無非詳慎之意但經御史審過還宜奏聞副都御史劉漢儒奏以御史差多員缺聞本日吏部考選中行評博計不過數人恐不足用王以問輔臣輔臣奏察今御史缺十五人合取在外推知考選幷部屬改授王曰著揀選用

檢討白胤謙恭記

启事。王曰："今天下一统，事务渐繁，文职自宜广用。"王问："凡盗劫财伤人，或宜分首、从？概置之死，似乎不忍。"辅臣对曰："强盗结伙为暴，法均无赦，或人数众多，元恶伏罪，其余情系胁从者，亦与解释。"王曰："说得是。"王又言："凡问刑定罪，仍该巡按御史再审者，无非详慎之意。但经御史审过，还宜奏闻副都御史刘汉儒。"奏以御史差多员缺，闻本日吏部考选，中行评、博计①不过数人，恐不足用。王以问辅臣，辅臣奏："察今御史缺十五人，合②取在外推知考选，并部属改授。"王曰："著拣选用。"

检讨白胤谦③恭记

注释

①行评、博计：均为吏部考察官吏的名目。

②合：总共，全。

③白胤谦：(1605—1673)，字子益，号东谷，山西省阳城县人，明朝进士、清朝政治人物。明崇祯十六年(1643)，登进士，改庶吉士。清顺治二年(1645)，改内翰林秘书院检讨，历侍读学士。次年，任顺天乡试副考官、会试同考官。十三年(1656)六月，擢升吏部侍郎，十四年(1657)四月，升刑部尚书。十六年(1659)，改太常寺少卿。次年，任通政使。康熙二年(1663)染微疾，便遽求致仕。康熙十二年(1673)卒。

译文

（大臣们）开始奏事。摄政王说："现在天下一统，事务逐渐变得繁杂，文职官员自然应该广泛启用。"摄政王问："凡是强盗劫夺财物伤人，或许应该按首犯、从犯分别处置？一概把他们处以死罪，（我）似乎不忍心。"辅臣们回答说："强盗结为团伙行使暴力，律法上均无恩赦，有的因为人数众多，元凶首恶已经伏法（或）认罪，其余情节上属于胁从的人，也给与解释的机会。"摄政王说："说得对。"摄政王又说："凡是问刑定罪，仍应需要巡按御史再审的，无非是（秉承）周详审慎的意思。但是（即便）经御史审理过，还应该奏闻副都御使刘汉儒知道。"奏闻御史差务多而人员少（想找候补人选补缺），听说本日吏部考察选拔（官吏），考中行评、博计的不过几个人，恐怕不能满足需要。摄政王因此问辅臣（对策），辅臣奏称："查明现在御史员缺为十五人，全都录取并外放推知考选，连同部属一并改授。"摄政王说："拣选（堪用者）录用。"

检讨白胤谦恭记

司道職名冊

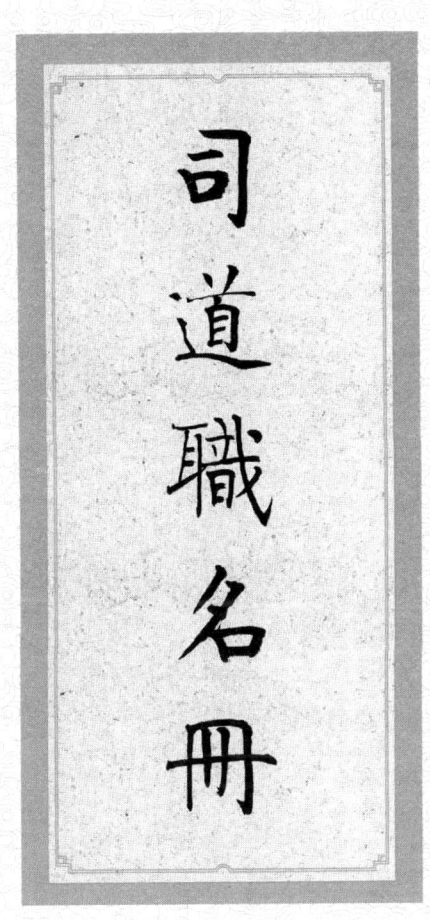

一　北直

录文

司道職名冊

北直

大名道副使程之璿官生山西人順治玖年肆月陞授

通密道副使王維屏舉人山西人順治玖年柒月陞授

霸州道副使張　錦舉人山西人順治玖年肆月陞授

永平道副使畢元彩生員實職參政鑲白旗下順治柒年柒月補授

天津道副使李呈祥舉人山西人順治玖年叁月陞授

懷來道副使李盛枝進士山東人順治玖年叁月陞授

易州道副使周日宣生員鑲紅旗下順治捌年玖月補授

井陘道副使張　尚戶部啟心郎正黃旗下順治捌年玖月陞授

薊州道副使劉應錫生員正紅旗下順治柒月陞授

昌平道僉事

司道職名冊　一　故宮博物院

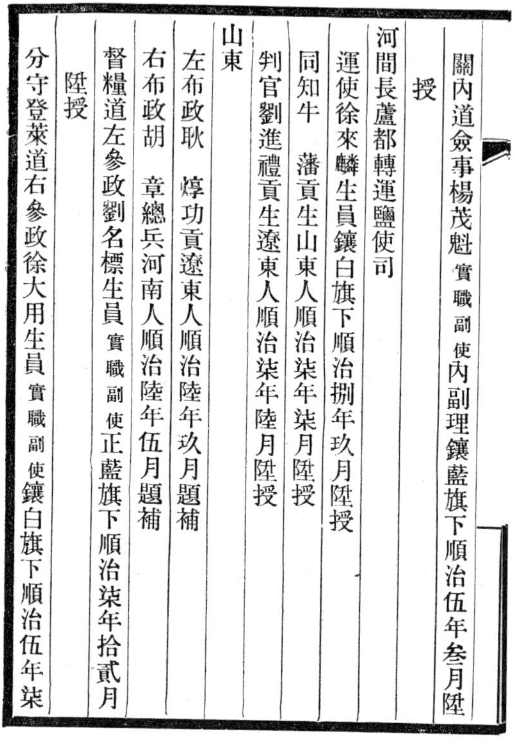

關內道僉事楊茂魁實職副使內副理鑲藍旗下順治伍年叁月陞
授
河間長蘆都轉運鹽使司
運使徐來麟生員鑲白旗下順治捌年玖月陞授
同知牛　藩貢生山東人順治柒年柒月陞授
判官劉進禮貢生遼東人順治柒年陸月陞授
山東
左布政耿　焞功貢遼東人順治陸年玖月題補
右布政胡　章總兵河南人順治陸年伍月題補
督糧道左參政劉名標生員實職副使正藍旗下順治柒年拾貳月
陞授
分守登萊道右參政徐大用生員實職副使鑲白旗下順治伍年柒

大名道[1]副使[2]程之璿[3]，官生[4]，山西人，顺治九年四月升授。

通密道[5]副使王维屏，举人[6]，山西人，顺治九年七月升授。

霸州道[7]副使张锦，举人，山西人，顺治九年四月升授。

永平道[8]副使毕元彩，生员实职参政[9]，镶白旗下，顺治七年七月补授。

天津道[10]副使李呈祥，举人，山西人，顺治九年三月升授。

怀来道[11]副使李盛枝，进士[6]，山东人，顺治九年三月升授。

易州道[12]副使周日宣，生员[4]，镶红旗下，顺治八年九月补授。

井陉道[13]副使张尚，户部启心郎[14]，正黄旗下，顺治八年九月升授。

蓟州道[15]副使刘应锡，生员，正红旗下，顺治（七年）[16]七月升授。

昌平道[17]佥事[18]。

关内道佥事杨茂魁实职副使，内副理，镶蓝旗下，顺治五年三月升授。

注释

①大名道：清初分巡道。辖境与大名府（治元城，今河北省大名县）大致相同，领一州七县，包括开州、元城、大名、南乐、魏县、清丰、东明、长垣，府治元城县，大名道亦驻元城。雍正四年（1726），大名道改为清河道，移驻保定府（府治清苑、今河北省保定市）。十一年（1733）置大顺广道，驻大名府，领大名府、顺德府（治邢台，今河北省邢台市）、广平府（治永年，今河北省永年县）。大顺广道兼管河道、水利，带兵备衔。

②副使：即按察副使。明代提刑按察使司的副长官，从四品。初设时本为临时性质，后逐渐形成分巡道，故又称道员。清初沿置，乾隆时裁去副使衔，专设分巡道。

③璿（xuán）：同“璇”。

④官生、生员：均为科举制度中生员名目。明、清指经本省各级考试入府、州、县学者，通称生员，习称秀才，亦称诸生。官生指明清两代科举制度

中,以官荫而得入国子监读书者。清顺治二年(1645)规定,京官四品以上及翰、詹、科、道,外官文职三品、武职二品以上之子、孙、曾孙,及胞兄弟侄应乡试者为官生。

⑤通密道:清初分巡道,辖区相当于北京通州、密云。顺治十五年(1658)十一月,蓟州道并入,改名通蓟道。清康熙八年(1669),改通蓟道名通永道。驻通州(今北京市通州区),领顺天府(府治大兴,今北京市北部)通州、三河(今河北省三河县)、宝坻(今天津市宝坻区)、蓟州(今天津市蓟县)、遵化(今河北省遵化市)、丰润(今河北省唐山市丰润区)、玉田(今河北省玉田县)八州县、永平府(府治卢龙、今河北省卢龙县)。通永道兼管河务、海防、屯田,带兵备衔。

⑥举人、进士:均为科举考试中试者的称谓。全省范围的科举考试称乡试,乡试考中者称为举人,通过最后一级中央政府朝廷殿试者,称为进士。

⑦霸州道:清初分巡道,驻霸州(今河北省霸州市)。康熙八年(1669),置霸昌道,因而并入,仍驻霸州。雍正末年改驻昌平州(今北京市昌平区),领顺天府南、西、北部十七州县、承德州(河北承德市)、八沟厅(今河北平泉县)。此后辖境多次增减,乾隆四年(1739)后,趋于稳定,辖顺天府南、西、北部十七州县。光绪三十年(1904),裁霸昌道。

⑧永平道:清初分巡道。下辖永平府,大致相当于今天秦皇岛大部地区、唐山大部地区,以及辽宁西南部地区,府治在今天河北省卢龙县,领一州六县,包括滦州、卢龙、迁安、抚宁、昌黎、乐亭、临榆。康熙八年(1669),与通蓟道合并为通永道。

⑨参政:明代在各省布政使下设左右参政,分领各道,为地方长官的副县长贰。清初各省布政使下酌置参政、参议,多由道员兼任。乾隆十八年(1753)废。

⑩天津道:清初沿明制设置,驻天津卫(天津府);雍正四年(1726)改置河道;十一年(1733)复置天津道,领天津府、河间府。兼管河务,带兵备衔。

⑪怀来道：清初分巡道。辖区大致相当于今天河北省怀来县。明清两代时，怀来县隶属于宣化府（今河北省宣化市）。后怀来道改置为怀隆道，康熙三年（1664）改置为口北道，转为分守道，驻宣化府，辖宣化府及张家口、独石口、多伦诺尔三厅。初为满缺，后兼用汉人。口北道为整饬兵备道。

⑫易州道：清初分巡道。辖易州（今河北省易县），初隶保定府，乾隆年间改为直隶州。雍正四年（1726），大名道改为清河道，移驻保定府。初无所属，后逐渐划归，易州也在其中。十一年（1733）时领保定府、正定府（府治正定，今河北省正定县）、易州（今河北省易县）、冀州（今河北省冀州市）、赵州（今河北省赵县）、深州（今河北省深州市南）、定州（今河北省定州市）、晋州（今河北省晋州市）二府六直隶州。清河道兼管河务。

⑬井陉道：清初分巡道。辖区相当于今天河北省井陉县，属真定府（雍正以后改称正定府）。雍正四年（1726），改大名道为清河道，移驻保定府。后正定府也划归清河道管辖。

⑭启心郎：清官名。清初各部院置，其职略次于侍郎，掌沟通满汉大臣语言隔阂。顺治十五年（1658），除宗人府外，裁各部院启心郎。康熙十二年（1673），宗人府亦裁撤启心郎一职。是清朝特有的官职，本为适应特殊社会形态而设立，在清朝制度逐渐完善过程中，起到过重要作用。

⑮蓟州道：清初分巡道。顺治十五年（1658），十一月裁撤，与通密道合并为通蓟道。康熙八年（1669），永平道并入，改通蓟道名通永道。

⑯（七年）：此二字原本脱漏，据《大清世祖章皇帝实录》卷四十九补。

⑰昌平道：清初分巡道，驻昌平州（今北京市昌平区）。康熙八年（1669）置霸昌道，因而并入。光绪三十年（1904）裁霸昌道。

⑱佥事：明代提刑按察使司下属官，无定员，分道巡察。清代初期沿置，乾隆十八年（1753）废。

二　河间、长芦都转运盐使司①

录文

运使徐来麟，生员，镶白旗下，顺治八年九月升授。

同知牛藩，贡生②，山东人，顺治七年七月升授。

判官刘进礼，贡生，辽东人，顺治七年六月升授。

注释

①河间、长芦都转运盐使司：元代时始设河间盐运司，明初改名长芦，以运司驻在长芦镇（今沧州市）而得名。清康熙后运司移驻天津，而长芦之名不改。掌管直隶湾（北起山海关，南至老黄河口）一带的盐业生产、保卫滩坨、巡查滩私、整理场务。有督察各盐场场长的权力。其后职掌扩大，兼理财赋和人事，其品级相当于布政使。

②贡生：中国古代挑选府、州、县生员（秀才）中成绩或资格优异者，升入京师的国子监读书者，称为贡生。明代有岁贡、选贡、恩贡和纳贡；清代有恩贡、拔贡、副贡、岁贡、优贡和例贡。清代贡生，别称“明经”。

三　山东

录文

月陞授

分守東兖道左參議馬登科正白旗下人順治捌年拾月陞授

分守濟南道右參議何啟圖廪生陝西人順治玖年肆月陞授

按察使佟延年生員鑲白旗下順治柒年拾月陞授

驛傳道副使董應魁生員實職參政鑲黃旗下順治捌年貳月陞授

學道副使張習孔進士實職僉事江南人順治玖年柒月陞授

分巡登萊道副使楊　璥進士順天人順治捌年玖月陞授

水利河道副使王第魁湖廣人順治柒年拾貳月陞授

分巡兖西道副使鍾性樸進士江西人順治玖年拾月陞授

分巡東昌道副使高射斗進士四川人順治柒年肆月補授

分巡青州兵道副使周　荃廪生江南人順治玖年叁月補授

沂州道僉事龐宗周貢士鑲黃旗下順治玖年拾月陞授

司道職名冊　二　故宮博物院

左布政耿焞(tūn),功贡,辽东人,顺治六年九月题补[1]。

右布政胡章,总兵,河南人,顺治六年五月题补。

督粮道[2]、左参政刘名标,生员实职副使,正蓝旗下,顺治七年十二月升授。

分守[3]登 莱道[4]、右参政徐大用,生员实职副使,镶白旗下,顺治五年七月升授。

分守东 兖道[5]、左参议马登科,正白旗下人,顺治八年十月升授。

分守济南道[6]、右参议何启图,廪生[7],陕西人,顺治九年四月升授。

按察使佟延年,生员,镶白旗下,顺治七年十月升授。

驿传道[8]、副使董应魁,生员实职参政,镶黄旗下,顺治八年二月升授。

学道[9]、副使张习孔,进士实职佥事,江南人,顺治九年七月升授。

分巡[10]登 莱道、副使杨璥,进士,顺天人,顺治八年九月升授。

水利河道[11]、副使王第魁,湖广人,顺治七年十二月升授。

分巡兖西道[12]、副使钟性朴,进士,江西人,顺治九年十月升授。

分巡东昌道[13]、副使高射斗,进士,四川人,顺治七年四月补授。

分巡青州兵道[14]、副使周荃,廪生,江南人,顺治九年三月补授。

沂州道[15]、佥事庞宗周,贡士,镶黄旗下,顺治九年十月升授。

武定兵道[16]、佥事杨鼎瑞,贡生,陕西人,顺治九年三月补授。

分巡济南道、佥事王登联,贡士[17],镶红旗下,顺治八年十月升授。

注释

①题补:清制,有关机构有官缺时,长官于应补或应升此缺人员中拣选,奏请补用,称题补。

②督粮道:掌督运漕粮。明朝时于十三布政司下各置一员,清朝时置于漕运各省,江南二人,山东、河南、江西、浙江、湖南、湖北各一人。

③分守:布政使司下设有辅助道员,称为分守道。分守道主管钱谷。

④登莱道:清初山东省下分守、分巡道。顺治初年,登州、莱州二府分别设立海防道,旋即两道合并为登莱道,管辖登州府(府治蓬莱)、莱州府(府治掖县),治莱州。康熙三十七年(1698),青州道并入,改为登莱青道,仍治于莱州。后移治登州,兼管海防、水利,带整饬兵备衔。

⑤东兖道:清初分守道,辖东昌府(府治聊城县,今山东省东昌市)、兖州府(府治滋阳县,今山东省兖州市)。

⑥济南道:清初分守、分巡道,辖济南府。

⑦廪生:又称廪膳生。科举制度中生员名目之一。明清两代府、州、县学生员最初每月都给廪膳,补助生活。名额有定数,明初府学四十人,州学三十人,县学二十人,每人月给廪米六斗。清沿其制,经岁、科两试一等前列者,方能取得廪名义。名额因州、县大小而异,每年发廪饩银(生活费)四两。

⑧驿传道:清朝四省三十六道之一。各省设道员,正四品。一般由当地同

品级官兼道员。

⑨学道:清朝四省三十六道之一。

⑩分巡:按察使司下设有辅助道员,称为分巡道。分巡道侧重刑名。

⑪水利河道:又称河道。

⑫兖西道:清初分巡道,辖兖州府、曹州府、济宁州。

⑬东昌道:清初分巡道。

⑭青州兵道:兵道,即兵备道。

⑮沂州道:清初分巡道,辖沂州府。

⑯武定兵道:辖武定府。

⑰贡士:原指诸侯推荐给天子的士。后来科举考试中,会试中试者被称为贡士。明清两代亦然。也指所荐举的人。

四　山东都转运盐使司①

录文

武定兵道僉事楊鼎瑞貢生陝西人順治玖年叁月補授
分巡濟南道僉事王登聯貢士鑲紅旗下順治捌年拾月陞授
山東都轉運鹽使司
運使傅應星貢生河南人順治捌年玖月陞授
同知方　策戶部撥什庫生員順治玖年肆月陞授
判官陸之時儒士福建人順治五年叁月陞授
河南
左布政董天機生員正黃旗下順治伍年陸月陞授
右布政李中吾生員鑲白旗下順治玖年肆月陞授
分守大梁道左參政張懋勳舉人實職參議北直人順治柒年捌月
陞授
分守河南道右參政許文秀生員實職副使正黃旗下順治柒年拾

运使傅应星，贡生，河南人，顺治八年九月升授。

同知[②]方策，户部拨什库[③]，生员，顺治九年四月升授。

判官陆之时，儒士，福建人，顺治五年三月升授。

注释

①山东都转运盐使司：明洪武初年即在诸产盐地次第设置六个都转运盐使司，清代仍沿置，山东都转运盐使司主管山东沿海一带盐业生产、保卫滩坨、巡查滩私、整理场务。

②同知：明清两代，都转运盐使司、都转运使的佐官亦有同知。俗称运同，掌分司产盐处所，辅助盐运使与盐法道管理盐政。

③拨什库：满语音译，意为领催，清朝八旗军下级军官。顺治元年(1644)，定满、蒙八旗每佐领下六人，汉军八旗每佐领下设四人。由“马甲”(即八旗骁骑营之士兵)内选充，满、蒙八旗兼于本佐领识字护军内挑补。

五 河南

月陞授

汝南道右參政王家楫進士實職僉事陝西人順治柒年柒月題補

分守河北道左參議武光祖生員實職副使鑲紅旗下順治柒年拾

貳月陞授

督糧道左參議李吉士生員鑲黃旗下順治捌年玖月陞授

按察使魏執中生員鑲紅旗下順治柒年拾貳月陞授

學道副使黃日祚進士實職僉事福建人順治柒年玖月陞授

河道副使方大猷進士實職按察使浙江人順治捌年貳月陞授

分巡汝南道副使管起鳳生員正紅旗下順治捌年玖月陞授

睢陳道副使孫建宗進士實職僉事山東人順治柒年肆月陞授

分巡大梁道副使佟國鼐貢生遼東人順治捌年伍月補授

分巡河北道僉事胡養忠貢生鑲白旗下順治玖年肆月陞授

司道職名册 三 故宮博物院

左布政董天机，生员，正黄旗下，顺治五年六月升授。

右布政李中吾，生员，镶白旗下，顺治九年四月升授。

分守大梁道[①]、左参政张懋勋，举人实职参议[②]，北直人，顺治七年八月升授。

分守河南道[③]、右参政许文秀，生员实职副使，正黄旗下，顺治七年十月升授。

汝南道[④]、右参政王家楫，进士实职佥事，陕西人，顺治七年七月题补。

分守河北道[⑤]、左参议武光祖，生员实职副使，镶红旗下，顺治七年十二月升授。

督粮道、左参议李吉士，生员，镶黄旗下，顺治八年九月升授。

按察使魏执中，生员，镶红旗下，顺治七年十二月升授。

学道、副使黄日祚，进士实职佥事，福建人，顺治七年九月升授。

河道、副使方大猷，进士实职按察使，浙江人，顺治八年二月升授。

分巡汝南道、副使管起凤，生员，正红旗下，顺治八年九月升授。

睢陈道[⑥]、副使孙建宗，进士实职佥事，山东人，顺治七年四月升授。

分巡大梁道、副使佟国鼐，贡生，辽东人，顺治八年五月补授。

分巡河北道、佥事胡养忠，贡生，镶白旗下，顺治九年四月升授。

分巡河南道、佥事范承祖，贡生，辽东人，顺治七年四月补授。

驿传道、佥事李子和，举人，顺天人，顺治六年六月升授。

注释

①大梁道：清初分守、分巡道。

②参议：明代于布政使下设左、右参议从四品，无定员，分守各道，并分管粮储、屯田、清军、驿传、水利等事。清沿置，乾隆十八年(1753)废。

③河南道：清初分守、分巡道。

④汝南道：清初分守、分巡道。

⑤河北道：清初分守、分巡道。

⑥睢陈道：清初分巡道。

六　山西

录文

分巡河南道僉事范承祖貢生遼東人順治柒年肆月補授
驛傳道僉事李子和舉人順天人順治陸年陸月陞授

山西

左布政馬光先叁等阿思哈哈番鑲黃旗下順治玖年肆月陞授
右布政于時躍生員鑲黃旗下順治玖年柒月陞授
冀南道左參政史記功生員正白旗下順治玖年叁月陞授
分守冀寧道右參政田起龍生員（實職副使）鑲紅旗下順治伍年玖
月陞授
督糧道右參政徐永禎生員正紅旗下順治捌年拾月陞授
分守河東道左參議嚴正矩進士湖廣人順治玖年叁月補授
分守口北道右參議于清廉筆帖什正黃旗下順治玖年柒月補授
按察使范登仕生員正白旗下順治玖年柒月陞授

驛傳道副使周召南生員鑲藍旗下順治玖年叁月陞授
分巡冀南道副使李胤昌生員正紅旗下順治玖年肆月陞授
雁平道副使
岢嵐道副使王　言貢生遼東人順治捌年玖月補授
學道副使張四教進士實職僉事山東人順治陸年柒月陞授
陽和兵備副使陳弘業生員實職參議正白旗下順治柒年肆月陞
授
分巡河東道副使胡文燁貢生鑲白旗下順治玖年叁月陞授
分巡口北道僉事王化淳廪生實職副使河南人順治伍年玖月陞
授
陽和左衛道僉事呂逢春拜堵喇布勒哈番兼拖沙喇哈番正黃
旗下順治陸年拾月補授
司道職名册　四　故宮博物院

左布政马光先，三等阿思哈哈番[1]，镶黄旗下，顺治九年四月升授。

右布政于时跃，生员，镶黄旗下，顺治九年七月升授。

冀南道[2]、左参政史记功，生员，正白旗下，顺治九年三月升授。

分守冀宁道[3]、右参政田起龙，生员实职副使，镶红旗下，顺治五年九月升授。

督粮道、右参政徐永祯，生员，正红旗下，顺治八年十月升授。

分守河东道[4]、左参议严正矩，进士，湖广人，顺治九年三月补授。

分守口北道[5]、右参议于清廉，笔帖什[6]，正黄旗下，顺治九年七月补授。

按察使范登仕，生员，正白旗下，顺治九年七月升授。

驿传道、副使周召南，生员，镶蓝旗下，顺治九年三月升授。

分巡冀南道、副使李胤昌，生员，正红旗下，顺治九年四月升授。

雁平道[7]、副使。

岢岚道[8]、副使王言，贡生，辽东人，顺治八年九月补授。

学道、副使张四教，进士实职佥事，山东人，顺治六年七月升授。

阳和兵备(道)[9]、副使陈弘业，生员实职参议，正白旗下，顺治七年四月升授。

分巡河东道、副使胡文烨，贡生，镶白旗下，顺治九年三月升授。

分巡口北道、佥事王化淳，廪生实职副使，河南人，顺治五年九月升授。

阳和左卫道[10]、佥事吕逢春，拜塔喇布勒哈番兼拖沙喇哈番[11]，正黄旗下，顺治六年十月补授。

分巡冀宁道、佥事盛复选，生员，镶白旗下，顺治八年五月升授。

宁武兵备道[12]、佥事潘超先,贡生,正黄旗下,顺治九年三月升授。

注释

①阿思哈哈番:应为阿思哈尼哈番,满文音译,清朝爵位名。顺治四年(1647)定名。乾隆元年(1736),定汉字为男,即译为男爵。满文如旧。

②冀南道:清初分守道、分巡道。明嘉靖元年(1522)设置,驻潞安府,辖潞安府及沁州、泽州、辽州。清初沿置,康熙四年(1665)废入冀宁道。

③冀宁道:明山西等处按察司置,兼察太原府。清初为分守、分巡道,后为分守冀宁道,辖太原、汾州、潞安、泽州四府及辽、沁、平定三州。治所在太原府(治今太原市区),兼管水利。宣统二年(1910)废止。

④河东道:清初分守、分巡道。

⑤口北道:清初分守道、分巡道。本在山西省境内,康熙三年(1664)以怀隆道改置为口北道,移至直隶境内。

⑥笔帖什:即笔帖式,满语,亦作"笔帖黑式",意为办理文件、文书的人。清入关前称有学问的人为"巴克什"(baksi),天聪五年(1631)改为"笔帖式"(bithesi)。清各部院、内行衙署均有设置,主要掌管翻译满汉奏章文书、记录文书档案等事宜。

⑦雁平道:清初本为分巡道,康熙十年(1671)置分守雁平道,驻代州,辖大同府、宁武府、朔平府及忻州、代州、保德州。宣统元年(1909)废止。

⑧岢岚道:清初分巡道。

⑨阳和兵备(道):此处原文本无"道"字,据下文"宁武兵备道"增。

⑩阳和左卫道:清初分巡道。阳和指山西省阳和卫,今阳高。

⑪拜塔喇布勒哈番兼陁沙喇哈番:此十三字本为正文行间小字注,据上

下文行文方式提为正文。拜塔拉布勒哈番，满文音译，清代爵名，清顺治四年(1647)定名，乾隆元年(1736)，定汉字为骑都尉，满文如旧。陁沙喇哈番，也做“拖沙喇哈番”，满文音译，清代爵名，清顺治四年(1647)定名，乾隆元年(1736)，定汉字为云骑尉，满文如旧。

⑫宁武兵备道：清初山西兵备道。辖区以宁武为核心，驻代州。设置名称为：分守雁平道，驻代州，辖三府三直隶。其中包括宁武府。属雁平道下所设兵备道。清代初年在此驻军。

七　河东、陕西都转运盐使司[1]

录文

分巡冀寧道僉事盛復選生員鑲白旗下順治捌年伍月陞授
寧武兵備道僉事潘超先貢生正黃旗下順治玖年叁月陞授
河東陝西都轉運鹽使司
運使陳　喆內院辦事順天人順治柒年肆月陞授
同知王宏猷貢生山東人順治柒年柒月陞授
副使張希傑貢士鑲紅旗下順治玖年叁月補授
判官孫　茂生員鑲紅旗下順治陸年玖月陞授
陝西
左布政蘇弘祖生員正紅旗下順治伍年玖月陞授
右布政蕭時彥舉人遼東人順治玖年肆月陞授
督糧道左參政董應徵貢生實職副使北直人順治伍年陸月陞授
分守關西道右參政李震成進士實職參議北直人順治柒年肆月

运使陈喆，内院办事，顺天人，顺治七年四月升授。

同知王宏猷，贡生，山东人，顺治七年七月升授。

副使张希杰，贡士，镶红旗下，顺治九年三月补授。

判官孙茂，生员，镶红旗下，顺治六年九月升授。

注释

①河东、陕西都转运盐使司：明洪武初年即在诸产盐地次第设置六个都转运盐使司，清代仍沿置，河东、陕西都转运盐使司主管河东、陕西一带池盐的生产、保卫滩坨、巡查滩私、整理场务。

八　陕西

录文

陞授
分守關內道左參議李復陽舉人實職僉事順天人順治柒年拾月
陞授
分守河西道左參議李嘉彥進士實職副使北直人順治伍年閏肆
月陞授
分守西寧道右參議李發藻進士河南人順治玖年肆月陞授
分守商雒道右參議許宸進士實職僉事河南人順治柒年拾貳月
陞授
分守隴右道右參議劉宗舜生員正藍旗下順治柒年拾貳月陞授
分守關南道右參議劉景雲進士北直人順治玖年捌月陞授
按察使彭有義生員正白旗下順治玖年捌月陞授
西安兵備道副使余應魁生員鑲白旗下順治玖年拾月陞授

司道職名冊　五一　故宮博物院

學道副使田厥茂進士實職參議山西人順治陸年拾貳月陞授
洮泯兵備道副使李起龍進士北直人順治伍年玖月陞授
肅州兵備道副使朱國詔準貢浙江人順治陸年陸月題補
撫治西寧道副使孫啟賢進士實職參議河南人順治陸年陸月陞
授
分巡關南道副使高士俊戶部啟心郎正藍旗下順治玖年叁月陞
授
臨鞏道副使于明寶進士實職僉事江南人順治柒年叁月陞授
分巡河西道副使劉三元生員實職參政鑲黃旗下順治柒年肆月
陞授
分巡關內道副使丁時陞生員鑲藍旗下順治捌年拾月陞授
固原兵備道副使孔思周生員正白旗下順治伍年玖月陞授

分巡西寧道副使李日芳舉人河南人順治伍年捌月陞授
潼關道副使陳素抱生員正紅旗下順治伍年拾月陞授
靖遠兵備道副使婁希昊正藍旗下擺塔喇佈勒哈番順治玖年拾
月補授
楡林東路兵備副使李　皓進士江南人順治玖年拾月陞授
楡林西路兵備副使白本質生員實職參政正黃旗下順治陸年肆
月陞授
楡林中路兵備副使陳培禎生員正紅旗下順治柒年柒月陞授
莊浪兵備道副使李愼修官生北直人順治捌年拾月陞授
分巡關西道僉事許可用生員實職參議正藍旗下順治柒年捌月
陞授
分巡隴西道僉事于之士舉人實職副使鑾儀衛籍江南人順治肆

司道職名册　六　故宮博物院

左布政苏弘祖，生员，正红旗下，顺治五年九月升授。

右布政萧时彦，举人，辽东人，顺治九年四月升授。

督粮道、左参政董应征，贡生实职副使，北直人，顺治五年六月升授。

分守关西道[1]、右参政李震成，进士实职参议，北直人，顺治七年四月升授。

分守关内道[2]、左参议李复阳，举人实职佥事，顺天人，顺治七年十月升授。

分守河西道[3]、左参议李嘉彦，进士实职副使，北直人，顺治五年闰四月升授。

分守西宁道[4]、右参议李发藻，进士，河南人，顺治九年四月升授。

分守商洛道[5]、右参议许宸，进士实职佥事，河南人，顺治七年十二月升授。

分守陇右道[6]、右参议刘宗舜，生员，正蓝旗下，顺治七年十二月升授。

分守关南道[7]、右参议刘景云，进士，北直人，顺治九年八月升授。

按察使彭有义，生员，正白旗下，顺治九年八月升授。

西安兵备道[8]、副使余应魁，生员，镶白旗下，顺治九年十月升授。

学道、副使田厥茂，进士实职参议，山西人，顺治六年十二月升授。

洮泯兵备道[9]、副使李起龙，进士，北直人，顺治五年九月升授。

肃州兵备道[10]、副使朱国诏，准贡[11]，浙江人，顺治六年六月题补。

抚治西宁道、副使孙启贤，进士实职参议，河南人，顺治六年六月升授。

分巡关南道、副使高士俊，户部启心郎，正蓝旗下，顺治九年三月升授。

临巩道[12]、副使于明宝，进士实职佥事，江南人，顺治七年三月升授。

分巡河西道、副使刘三元，生员实职参政，镶黄旗下，顺治七年四月升授。

分巡关内道、副使丁时升，生员，镶蓝旗下，顺治八年十月升授。

固原兵备道[13]、副使孔思周，生员，正白旗下，顺治五年九月升授。

分巡西宁道、副使李日芳，举人，河南人，顺治五年八月升授。

潼关道[14]、副使陈素抱，生员，正红旗下，顺治五年十月升授。

靖远兵备道[15]、副使娄希昊，正蓝旗下，摆塔喇布勒哈番，顺治九年十月补授。

榆林东路兵备(道)[16]、副使李皓，进士，江南人，顺治九年十月升授。

榆林西路兵备(道)、副使白本质，生员实职参政，正黄旗下，顺治六年四月升授。

榆林中路兵备(道)、副使陈培祯，生员，正红旗下，顺治七年七月升授。

庄浪兵备道[17]、副使李慎修，官生，北直人，顺治八年十月升授。

分巡关西道、佥事许可用，生员实职参议，正蓝旗下，顺治七年八月升授。

分巡陇西道、佥事于之士，举人实职副使，銮仪卫[18]籍，江南人，顺治四年九月升授。

分巡宁夏道[19]、佥事曹叶卜，进士，河南人，顺治八年九月升授。

河东兵粮道[20]、佥事牛应征，进士，河南人，顺治七年三月升授。

注释

①关西道：清初分守、分巡道。

②关内道：清初分守道。

③河西道：清初分守、分巡道。

④西宁道：清初分守、分巡道。

⑤商洛道：清初分守道。

⑥陇右道：清初分守道。

⑦关南道：清初分守、分巡道。

⑧西安兵备道：清初陕西兵备道，辖区以西安为核心，驻西安府。设置名称为：分守西乾鄜道，驻西安府，辖一府二直隶州。其中包括西安府，属西乾鄜道下所设兵备道。清代初年在此驻军。

⑨洮泯兵备道：清初陕西兵备道。辖区以洮泯为核心。清代初年在此驻军。洮，指今甘肃临夏、临洮一带。

⑩肃州兵备道：清初陕西兵备道。后属甘肃省，辖区以肃州（今甘肃省酒泉市）为核心，驻肃州。设置名称为：分巡安隶道，驻隶州，辖二直隶州。其中包括隶州，属安隶道下所设兵备道。清代初年在此驻军。

⑪准贡:清代贡生有恩贡、拔贡、副贡、岁贡、优贡和例贡等,其中前五种为正途。例贡及其他名目,因系捐纳,被视为异途,因其身份差异,名目亦不相同,准贡也是其中之一。

⑫临巩道:清初分巡道。

⑬固原兵备道:清初陕西兵备道。后属甘肃省,辖区以固原县为核心,驻固原县。清代初年在此驻军。

⑭潼关道:清初分巡道。

⑮靖远兵备道:清初陕西兵备道。后属甘肃省,辖区以靖远县为核心。清代初年在此驻军。

⑯榆林东路兵备(道):清初陕西兵备道。辖区以榆林镇为核心。设置名称为:分巡延榆绥道,驻榆林府,辖二府一直隶州。其中包括榆林府。属延榆绥道下所设兵备道。清代初年分东、西、中三路在此驻军。

⑰庄浪兵备道:清初陕西兵备道。后属甘肃省,辖区以庄浪县为核心。清代初年在此驻军。

⑱銮仪卫:总部位于紫禁城东南角楼处,为清代宫廷服务机构,掌管帝、后车驾仪仗。顺治元年(1644)设,初沿明制称“锦衣卫”,二年改称“銮仪卫”。十一年(1654)厘定品级、员额,遂成定制。

⑲宁夏道:清顺治二年(1645)置,本为分巡道,治宁夏府(今宁夏银川市)。辖宁夏一府地。后兼盐法、水利,为整饬兵备道。

⑳河东兵粮道:清初陕西兵粮道。辖区以河东为核心。清代初年在此运粮。河东是指黄河流经的陕西省北部地区,秦汉时置河东郡、唐初置 河东道,开元间又置河东节度使,宋置河东路。清朝承袭旧制。

九　陕西苑马寺[①]

录文

年玖月陞授

分巡寧夏道僉事曹叶卜進士河南人順治捌年玖月陞授

河東兵糧道僉事牛應徵進士河南人順治柒年叁月陞授

陝西苑馬寺

卿閻堯年貢生北直人順治捌年柒月陞授

主簿施濟衆吏員湖廣人順治玖年柒月陞授

黑水監監正張所蘊貢生山東人順治玖年肆月陞授

開城監監正王文煥貢生江南人順治玖年肆月陞授

開城監錄事

安定監監正李桂芳貢生山東人順治玖年肆月陞授

安定監錄事

廣寧監監正田養公貢生山東人順治玖年肆月陞授

卿阎尧年，贡生，北直人，顺治八年七月升授。

主簿[2]施济众，吏员，湖广人，顺治九年七月升授。

黑水监[3]监正[4]张所蕴，贡生，山东人，顺治九年四月升授。

开城监[5]监正王文焕，贡生，江南人，顺治九年四月升授。

开城监录事[6]

安定监[7]监正李桂芳，贡生，山东人，顺治九年四月升授。

安定监录事

广宁监[8]监正田养公，贡生，山东人，顺治九年四月升授。

武安监[9]监正徐尔谏，贡生，山东人，顺治九年七月降授。

清平监[10]监正马任重，贡生，北直人，顺治九年四月升授。

清平监录事

万安监[11]监正顾明俊，监生[12]，江南人，顺治九年四月升授。

万安监录事

注释

①苑马寺:明、清两朝掌管养马的机构。其职司同于行太仆寺，为从三品衙门。

②主簿:古代官名。各级主官属下掌管文书的佐吏称主簿。

③黑水监:清代监名。

④监正:清代官职名。

⑤开城监:清代监名。

⑥录事:清代官职名。

⑦安定监:清代监名。

⑧广宁监:清代监名。

⑨武安监:清代监名。

⑩清平监:清代监名。

⑪万安监:清代监名。

⑫监生:是国子监学生的简称。国子监是明清两代的最高学府,照规定必须贡生或荫生才有资格入监读书,所谓荫生即依靠父祖的官位而取得入监的官僚子弟,此种荫生亦称荫监。监生也可以用钱捐到的,这种监生,通称例监,亦称捐监。

十　浙江

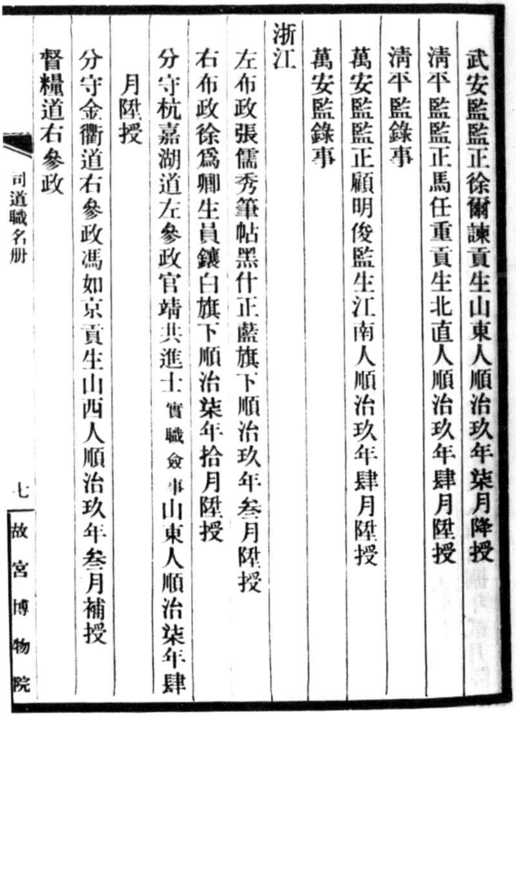

武安監監正徐爾誎貢生山東人順治玖年柒月降授
清平監監正馬任重貢生北直人順治玖年肆月陞授
清平監錄事
萬安監監正顧明俊監生江南人順治玖年肆月陞授
萬安監錄事
浙江
左布政張儒秀筆帖黑什正藍旗下順治玖年叁月陞授
右布政徐爲卿生員鑲白旗下順治柒年拾月陞授
分守杭嘉湖道左參政官靖共進士實職僉事山東人順治柒年肆
月陞授
分守金衢道右參政馮如京貢生山西人順治玖年叁月補授
督糧道右參政

司道職名冊　七　故宮博物院

分守寧紹台道左參議沈　潤進士實職僉事山東人順治伍年陸
月陞授
分守温處道右參議傅夢籲生員實職副使鑲黃旗下順治柒年肆
月陞授
按察使熊維傑拜塔喇布勒哈番兼拖沙喇哈番鑲白旗下順治捌
年貳月陞授
驛傳道副使孟繼昌生員鑲白旗下順治捌年拾月陞授
學道副使翟文賁進士實職參議山東人順治陸年柒月陞授
分巡寧紹道副使王爾祿進士北直人順治陸年伍月陞授
分巡温處道副使南洙源進士山東人順治捌年玖月陞授
分巡金衢道副使張元璘生員正藍旗下順治玖年拾月陞授
分巡杭嚴道僉事石鎮國舉人實職副使湖廣人順治捌年貳月陞

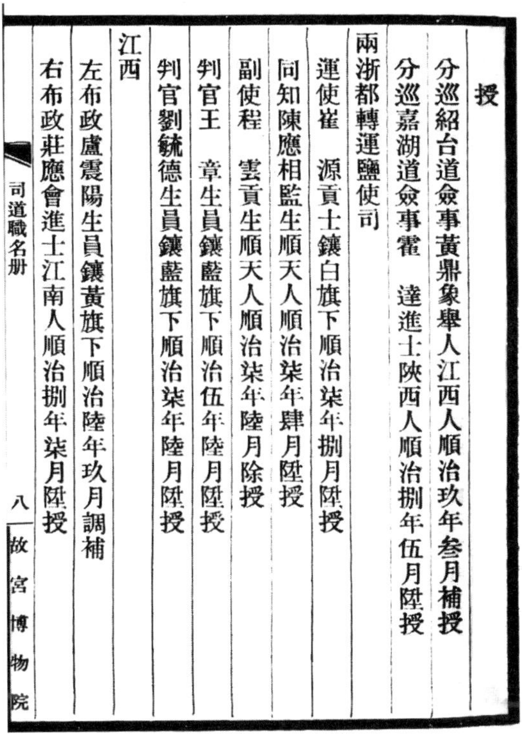
授
分巡紹台道僉事黃鼎象舉人江西人順治玖年叁月補授
分巡嘉湖道僉事霍　達進士陝西人順治捌年伍月陞授
兩浙都轉運鹽使司
運使崔　源貢士鑲白旗下順治柒年捌月陞授
同知陳應相監生順天人順治柒年肆月陞授
副使程　雲貢生順天人順治柒年陸月除授
判官王　章生員鑲藍旗下順治伍年陸月陞授
判官劉毓德生員鑲藍旗下順治柒年陸月陞授
江西
左布政盧震陽生員鑲黃旗下順治陸年玖月調補
右布政莊應會進士江南人順治捌年柒月陞授

司道職名冊　八　故宮博物院

左布政张儒秀，笔帖黑什[①]，正蓝旗下，顺治九年三月升授。

右布政徐为卿，生员，镶白旗下，顺治七年十月升授。

分守杭 嘉 湖道[②]、左参政官靖共，进士实职佥事，山东人，顺治七年四月升授。

分守金 衢道[③]、右参政冯如京，贡生，山西人，顺治九年三月补授。

督粮道、右参政

分守宁 绍 台道[④]、左参议沈润，进士实职佥事，山东人，顺治五年六月升授。

分守温处道[5]、右参议傅梦籲(yù)，生员实职副使，镶黄旗下，顺治七年四月升授。

按察使熊维杰，拜塔喇布勒哈番兼拖沙喇哈番，镶白旗下，顺治八年二月升授。

驿传道、副使孟继昌，生员，镶白旗下，顺治八年十月升授。

学道、副使翟文贲，进士实职参议，山东人，顺治六年七月升授。

分巡宁绍道[6]、副使王尔禄，进士，北直人，顺治六年五月升授。

分巡温处道、副使南洙源，进士，山东人，顺治八年九月升授。

分巡金衢道、副使张元璘，生员，正蓝旗下，顺治九年十月升授。

分巡杭严道[7]、佥事石镇国，举人实职副使，湖广人，顺治八年二月升授。

分巡绍台道[8]、佥事黄鼎象，举人，江西人，顺治九年三月补授。

分巡嘉湖道[9]、佥事霍达，进士，陕西人，顺治八年五月升授。

注释

①笔帖黑什：即“笔帖式”。

②杭嘉湖道:清初分守道,辖区有杭州府、嘉兴府和湖州府。初驻嘉兴府,乾隆十九年(1754)移驻杭州府。

③金衢道:清初分守、分巡道,辖区有金华、衢州二府,兼水利,驻衢州府。

④宁绍台道:清初分守道。

⑤温处道:清初分守、分巡道。

⑥宁绍道:清初分巡道。

⑦杭严道:清初分巡道。

⑧绍台道:清初分巡道。

⑨嘉湖道:清初分巡道,辖区包括嘉兴府和湖州府。

十一　两浙都转运盐使司①

录文

运使崔源，贡士，镶白旗下，顺治七年八月升授。

同知陈应相，监生，顺天人，顺治七年四月升授。

副使程云，贡生，顺天人，顺治七年六月除授。②

判官王章，生员，镶蓝旗下，顺治五年六月升授。

判官刘毓德，生员，镶蓝旗下，顺治七年六月升授。

注释

①两浙都转运盐使司：两浙即今浙江省，以富春江等为界分为浙东、浙西。明洪武初年即在诸产盐地次第设置六个都转运盐使司，清代仍沿置，两浙都转运监使司主管两浙一带盐业生产、保卫滩坨、巡查滩私、整理场务。

②除授：拜官授职，指此前不曾任官之人被授予官职。

十二 江西

分守南昌道左參政遲日震貢士 實職僉事 正白旗下順治柒年拾月陞授

分守湖西道右參政張子珽貢生浙江人順治玖年拾月陞授

分守嶺北道右參政宋鶴慶生員 實職副使 鑲紅旗下順治肆年拾月陞授

分守饒南道左參議吳嵩胤進士 實職副使 北直人順治肆年拾月陞授

督糧道左參議張　洴進士 實職僉事 山西人順治柒年叁月陞授

分守湖東道右參議楊國楨生員鑲藍旗下順治柒年柒月題授

按察使李長春生員正黃旗下順治捌年玖月陞授

驛傳道副使蕭應聘舉人 實職參議 河南人順治柒年柒月題授

學道副使趙涵一進士 實職僉事 江南人順治玖年叁月陞授

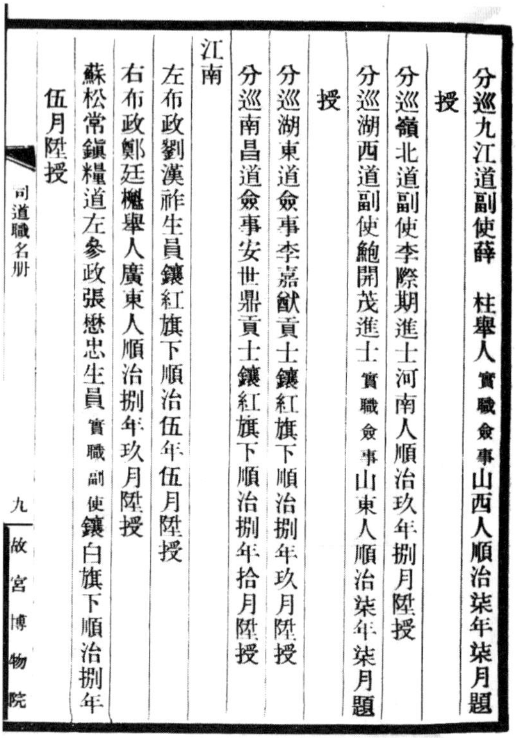
分巡九江道副使薛　柱舉人實職僉事山西人順治柒年柒月題
授
分巡嶺北道副使李際期進士河南人順治玖年捌月陞授
分巡湖西道副使鮑開茂進士實職僉事山東人順治柒年柒月題
授
分巡湖東道僉事李嘉猷貢士鑲紅旗下順治捌年玖月陞授
分巡南昌道僉事安世鼎貢士鑲紅旗下順治捌年拾月陞授
江南
左布政劉漢祚生員鑲紅旗下順治伍年伍月陞授
右布政鄭廷櫆舉人廣東人順治捌年玖月陞授
蘇松常鎮糧道左參政張懋忠生員實職副使鑲白旗下順治捌年
伍月陞授

司道職名册　九　故宫博物院

左布政卢震阳，生员，镶黄旗下，顺治六年九月调补。[1]

右布政庄应会，进士，江南人，顺治八年七月升授。

分守南昌道[2]、左参政迟日震，贡士实职佥事，正白旗下，顺治七年十月升授。

分守湖西道[3]、右参政张子斑，贡生，浙江人，顺治九年十月升授。

分守岭北道[4]、右参政宋鹤庆，生员实职副使，镶红旗下，顺治四年十月升授。

分守饶南道[5]、左参议吴嵩胤，进士实职副使，北直人，顺治四年十月升授。

督粮道、左参议张汧（qiān），进士实职佥事，山西人，顺治七年三月升授。

分守湖东道[6]、右参议杨国桢，生员，镶蓝旗下，顺治七年七月题授。

按察使李长春，生员，正黄旗下，顺治八年九月升授。

驿传道、副使萧应聘，举人实职参议，河南人，顺治七年七月题授。

学道、副使赵涵一，进士实职佥事，江南人，顺治九年三月升授。

分巡九江道[7]、副使薛柱，举人实职佥事，山西人，顺治七年七月题授。

分巡岭北道、副使李际期，进士，河南人，顺治九年八月升授。

分巡湖西道、副使鲍开茂，进士实职佥事，山东人，顺治七年七月题授。

分巡湖东道、佥事李嘉猷，贡士，镶红旗下，顺治八年九月升授。

分巡南昌道、佥事安世鼎，贡士，镶红旗下，顺治八年十月升授。

注释

①调补:调任官职。清制,按补授方式的不同,官缺可分为请旨缺、拣补缺、题补缺、调补缺、留缺、选缺。

②南昌道:清初分守、分巡道。辖南昌府。

③湖西道:清初分守、分巡道。

④岭北道:清初分守、分巡道。

⑤饶南道:清初分守道。辖饶州府、南康府。

⑥湖东道:清初分守、分巡道。

⑦九江道:清初分巡道。

十三　江南

录文

十府糧道右參政陳極新 實職右布政 鑲白旗下人順治肆年拾壹
月題補授
分守江寧道右參政林天擎貢生 實職副使 蓋州衛人順治伍年玖
月陞授
常鎮道左參議原毓宗進士陝西人順治柒年肆月陞授
管理漕運道右參議袁廓宇內院辦事陝西人順治柒年肆月陞授
按察使謝道正藍旗下教官順治捌年玖月陞授
驛傳道副使趙曰旟進士 實職僉事 山西人順治陸年陸月陞授
蘇松兵道副使張獻捷貢生遼東人順治捌年拾月陞授
揚州道副使劉興漢生員 實職參議 正黃旗下順治柒年肆月陞授
徽寧道副使孫登第貳等阿達哈哈番正藍旗下順治捌年拾月陞
授

左布政刘汉祚，生员，镶红旗下，顺治五年五月升授。

右布政郑廷櫆(kuí)，举人，广东人，顺治八年九月升授。

苏松常镇粮道[①]、左参政张懋忠，生员实职副使，镶白旗下，顺治八年五月升授。

十府粮道[②]、右参政陈极新实职右布政，镶白旗下人，顺治四年十一月题补授[③]。

分守江宁道[④]、右参政林天擎，贡生实职副使，盖州卫人，顺治五年九月升授。

常镇道[⑤]、左参议原毓宗，进士，陕西人，顺治七年四月升授。

管理漕运道[⑥]、右参议袁廓宇，内院办事，陕西人，顺治七年四月升授。

按察使谢道，正蓝旗下教官，顺治八年九月升授。

驿传道、副使赵曰爌(huǎng)，进士实职佥事，山西人，顺治六年六月升授。

苏松兵道[⑦]、副使张献捷，贡生，辽东人，顺治八年十月升授。

扬州道[⑧]、副使刘兴汉，生员实职参议，正黄旗下，顺治七年四月升授。

徽宁道[⑨]、副使孙登第，二等阿达哈哈番[⑩]，正蓝旗下，顺治八年十月升授。

池太道[⑪]、副使吴崇宗，生员，镶蓝旗下，顺治七年七月补授。

分巡江宁道、副使曹时举，生员，镶黄旗下，顺治八年五月升授。

分巡颖州道[⑫]、佥事金成良，贡士，镶黄旗下，顺治八年十月升授。

淮徐兵备道⑬、佥事张斌，生员实职参政，镶红旗下，顺治七年十二月升授。

安卢道⑭、佥事陈显忠，生员，镶红旗下，顺治八年五月升授。

淮海兵备道⑮、佥事卞三元实职参议，秘书院副理，镶红旗下，顺治四年十二月降补。

注释

①苏松常镇粮道：清初江南粮道。后属江苏省，辖区以苏州府、松江府为核心，设置名称为：分巡苏松太道，驻上海县，辖二府一直隶州。其中包苏州府、松江府，属苏松太道下所设兵备道。清代初年在此运粮。

②十府粮道：清初由督粮道的吏员所管辖。负责掌临察江宁、安庆等十府的粮务。

③补授：补任官职。

④江宁道：清初分守、分巡道。辖江宁府。

⑤常镇道：清初分守道。辖常州府、镇江府。

⑥漕运道：清初由漕运总督所管辖，负责掌监察收粮及督押粮盘。

⑦苏松兵道：清初江南兵备道。后属江苏省，辖区以苏州府、松江府为核心。设置名称为：分巡苏松太道，驻上海县，辖二府一直隶州。其中包苏州府、松江府，属苏松太道下所设兵备道。清代初年在此驻军。

⑧扬州道：辖扬州府。

⑨徽宁道：辖徽州府、宁国府。

⑩阿达哈哈番：满语音译，清代爵名。顺治四年(1647)定名，乾隆元年

(1736),定汉字为轻车都尉,满文如旧。

⑪池太道:辖池州府、太平府。

⑫颍州道:清初分巡道。

⑬淮徐兵备道:清初江南兵备道。后属江苏省,辖区以淮徐道为核心。设置名称为:分巡淮徐海道,驻徐州府,辖一府一直隶州。其中包徐州府,属淮徐海道下所设兵备道。清代初年在此驻军。

⑭安卢道:清初江南兵备道。辖区以安卢道为核心。清代初年在此驻军。

⑮淮海兵备道:清初江南兵备道。后属江苏省,辖区以淮海道为核心。设置名称为:分巡淮海道,驻安东县,辖一府属二县与一县部分地。清代初年在此驻军。

十四　两淮都转运盐使司

池太道副使吳崇宗生員鑲藍旗下順治柒年柒月補授
分巡江寧道副使曹時舉生員鑲黃旗下順治捌年五月陞授
分巡潁州道僉事金成良貢士鑲黃旗下順治捌年拾月陞授
淮徐兵備道僉事張　斌生員實職參政鑲紅旗下順治柒年拾貳
月陞授
安廬道僉事陳顯忠生員鑲紅旗下順治捌年伍月陞授
淮海兵備道僉事卞三元實職參議秘書院副理鑲紅旗下順治肆
年拾貳月降補
兩淮都轉運鹽使司
運使梁鳳鳴生員正白旗下順治玖年叁月陞授
同知李士禎貢生鑲黃旗下順治捌年拾月陞授
副使潘可學監生浙江人順治玖年柒月降授

司道職名冊　十　故宮博物院

运使梁凤鸣，生员，正白旗下，顺治九年三月升授。

同知李士祯，贡生，镶黄旗下，顺治八年十月升授。

副使潘可学，监生，浙江人，顺治九年七月降授①。

判官程文光，生员，镶黄旗下，顺治六年四月降补。

泰州分司②判官刘光汉，吏员，辽东人，顺治九年八月升授。

通州分司③判官任宪伊，贡生，陕西人，顺治八年十月升授。

淮安分司④判官宋弘道，贡士，正蓝旗包下，顺治八年十月升授。

注释

①降授：贬官、贬职。下文降补亦同。

②③④原来均为正文行间旁注，据上下行文提做正文。

十五　湖广

录文

判官程文光生員鑲黃旗下順治陸年肆月降補

泰州分司　判官劉光漢吏員遼東人順治玖年捌月陞授

通州分司　判官任憲伊貢生陝西人順治捌年拾月陞授

淮安分司　判官宋弘道貢士正藍旗包下順治捌年拾月陞授

湖廣

左布政林德馨舉人順天籍福建人順治柒年捌月陞授

右布政黃　紀舉人四川人順治柒年捌月陞授

督糧道左參政朱受祜官生順天籍江南人順治玖年柒月補授

分守上荊南道右參政張國士進士北直人順治玖年叁月補授

分守湖北道右參政劉昇祚進士實職參議山西人順治柒年拾貳月陞授

分守上湖南道左參議崔起鵬生員正黃旗下順治玖年叁月陞授

分守下湖南道右參議祝思信生員正白旗下順治捌年拾月陞授

分守武昌道右參議佟鳳彩生員 實職僉事 正藍旗下順治捌年伍月陞授

分守下荆南道右參議張　護進士北直人順治柒年拾月陞授

分守荆西道右參議劉奇遇 實職參政 正藍旗教官順治柒年肆月陞授

按察使張鳳儀生員正白旗下順治玖年柒月陞授

驛傳道副使王錫隆舉人 實職僉事 山西人順治陸年陸月陞授

學道副使李承尹進士 實職僉事 陝西人順治陸年柒月陞授

郴桂兵備道副使祖重光貢士正黃旗下順治玖年捌月陞授

勛襄兵備道副使蘇宗貴貢生福建人順治肆年陸月陞授

靖州兵備道副使劉　桓官生山西人順治玖年叁月陞授

司道職名冊　十一

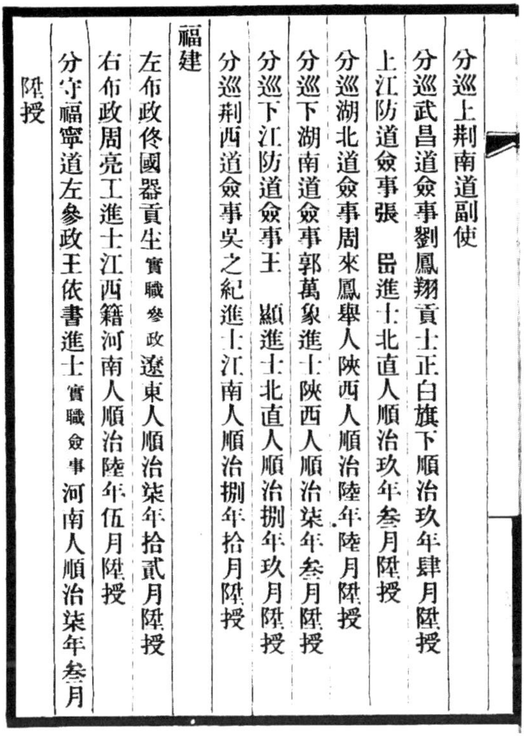

分巡上荆南道副使
分巡武昌道僉事劉鳳翔貢士正白旗下順治玖年肆月陞授
上江防道僉事張　喦進士北直人順治玖年叁月陞授
分巡湖北道僉事周來鳳舉人陝西人順治陸年陸月陞授
分巡下湖南道僉事郭萬象進士陝西人順治柒年叁月陞授
分巡下江防道僉事王　顯進士北直人順治捌年玖月陞授
分巡荆西道僉事吳之紀進士江南人順治捌年拾月陞授
福建
左布政佟國器貢生實職參政遼東人順治柒年拾貳月陞授
右布政周亮工進士江西籍河南人順治陸年伍月陞授
分守福寧道左參政王依書進士實職僉事河南人順治柒年叁月陞授

左布政林德馨，举人，顺天籍福建人，顺治七年八月升授。

右布政黄纪，举人，四川人，顺治七年八月升授。

督粮道、左参政朱受祜，官生，顺天籍江南人，顺治九年七月补授。

分守上荆南道[1]、右参政张国士，进士，北直人，顺治九年三月补授。

分守湖北道[2]、右参政刘昇祚，进士实职参议，山西人，顺治七年十二月升授。

分守上湖南道[3]、左参议崔起鹏，生员，正黄旗下，顺治九年三月升授。

分守下湖南道[4]、右参议祝思信，生员，正白旗下，顺治八年十月升授。

分守武昌道[5]、右参议佟凤彩，生员实职佥事，正蓝旗下，顺治八年五月升授。

分守下荆南道[6]、右参议张护，进士，北直人，顺治七年十月升授。

分守荆西道[7]、右参议刘奇遇实职参政，正蓝旗教官，顺治七年四月升授。

按察使张凤仪，生员，正白旗下，顺治九年七月升授。

驿传道、副使王锡隆，举人实职佥事，山西人，顺治六年六月升授。

学道、副使李承尹，进士实职佥事，陕西人，顺治六年七月升授。

郴 桂兵备道[8]、副使祖重光，贡士，正黄旗下，顺治九年八月升授。

勋(郧)襄兵备道[9]、副使苏宗贵，贡生，福建人，顺治四年六月升授。

靖州兵备道[10]、副使刘桓，官生，山西人，顺治九年三月升授。

分巡上荆南道、副使。

分巡武昌道、佥事刘凤翔，贡士，正白旗下，顺治九年四月升授。

上江防道、佥事张岊(jié),进士,北直人,顺治九年三月升授。

分巡湖北道、佥事周来凤,举人,陕西人,顺治六年六月升授。

分巡下湖南道、佥事郭万象,进士,陕西人,顺治七年三月升授。

分巡下江防道、佥事王显,进士,北直人,顺治八年九月升授。

分巡荆西道、佥事吴之纪,进士,江南人,顺治八年十月升授。

注释

①上荆南道:清初分守、分巡道。

②湖北道:清初分守、分巡道。

③上湖南道:清初分守道。

④下湖南道:清初分守、分巡道。

⑤武昌道:清初分守、分巡道。以盐法道兼,驻武昌府(今湖北省武汉市)。

⑥下荆南道:清初分守道。

⑦荆西道:清初分守、分巡道。

⑧郴桂兵备道:清初湖南兵备道。辖区以郴州、桂阳州为核心。设置名称为:分巡衡永郴桂道,驻衡州府,辖二府二直隶州。其中包括郴州、桂阳州,二者合称“郴桂”。属衡永郴桂道下所设兵备道。清代初年在此驻军。

⑨(郧)襄兵备道:原文本作“勋襄兵备道”,据《大明一统志》《读史方舆

纪要》《中国历史地图集》改。

⑩靖州兵备道：清初湖南兵备道。辖区以靖州为核心。设置名称为：分巡辰沅永靖道，驻凤凰厅，辖三府一直隶州四直隶厅。其中包括靖州，属辰沅永靖道下所设兵备道。清代初年在此驻军。

十六　福建

督糧道右參政郝惟訥進士實職僉事順天人順治柒年肆月陞授

分守漳南道左參議彭　欽舉人四川人順治玖年捌月陞授

分守建南道右參議于變龍生員正白旗下順治玖年叁月陞授

按察使王顯祚舉人北直人順治捌年拾月陞授

驛傳道副使秦嘉北教官正紅旗下順治捌年玖月陞授

提學道副使宋徵輿進士實職參議江南人順治柒年玖月陞授

海道副使祖建衡生員鑲黃旗下順治玖年捌月陞授

分巡興泉道僉事黃澍進士實職副使浙江籍江南人順治陸年伍
月陞授

分巡漳南道僉事趙映乘進士河南人順治柒年柒月補授

分巡建南道僉事蘇京進士山東人順治捌年伍月陞授

分巡福寧道僉事周三斌貢士鑲黃旗下順治玖年叁月陞授

左布政佟国器，贡生实职参政，辽东人，顺治七年十二月升授。

右布政周亮工，进士，江西籍河南人，顺治六年五月升授。

分守福宁道[①]、左参政王依书，进士实职佥事，河南人，顺治七年三月升授。

督粮道、右参政郝惟讷，进士实职佥事，顺天人，顺治七年四月升授。

分守漳南道[②]、左参议彭钦，举人，四川人，顺治九年八月升授。

分守建南道[③]、右参议于变龙，生员，正白旗下，顺治九年三月升授。

按察使王显祚，举人，北直人，顺治八年十月升授。

驿传道、副使秦嘉北，教官，正红旗下，顺治八年九月升授。

提学道、副使宋征舆，进定实职参议，江南人，顺治七年九月升授。

海道[④]、副使祖建衡，生员，镶黄旗下，顺治九年八月升授。

分巡兴泉道[⑤]、佥事黄澍，进士实职副使，浙江籍江南人，顺治六年五月升授。

分巡漳南道、佥事赵映乘，进士，河南人，顺治七年七月补授。

分巡建南道、佥事苏京，进士，山东人，顺治八年五月升授。

分巡福宁道、佥事周三斌，贡士，镶黄旗下，顺治九年三月升授。

注释

①福宁道:清初分守、分巡道。

②漳南道:清初分守、分巡道。

③建南道:清初分守、分巡道。

④海道:下文巡视海道应与此相同。

⑤兴泉道:清初分巡道。

十七　福建都转运盐使司[1]

录文

福建都轉運鹽使司

運使

同知李正茂監生山西籍順天人順治捌年拾月陞授

副使朱之瑞貢士鑲白旗下順治玖年叁月陞授

四川

左布政王原膴中書舍人實職參議北直人順治陸年柒月題補

右布政吳一元進士山東人順治玖年拾月陞授

分守川西道左參政陳安國生員實職參議陝西人順治捌年柒月

題補

分守川北道右參政李　藻舉人實職參議山西人順治柒年拾月

陞授

分守川東道左參議高顯光舉人山西人順治玖年捌月陞授

运使

同知李正茂，监生，山西籍顺天人，顺治八年十月升授。

副使朱之瑞，贡士，镶白旗下，顺治九年三月升授。

注释

①福建都转运盐使司：明洪武初年即在诸产盐地次第设置六个都转运盐使司，清代仍沿置，福建都转运盐使司主管福建沿海一带盐业生产、保卫滩坨、巡查滩私、整理场务。

十八　四川

录文

分守下川南道右參議

分守上川南道右參議

按察使

清軍屯田水利驛傳道副使范奇才實職僉事鑲白旗下副將江南人順治陸年柒月題授

提學道副使陳　卓進士實職參議江南人順治柒年玖月陞授

松潘兵備道副使李士邵官生實職僉事北直人順治陸年玖月陞授

分巡下川東道副使袁一相副將正黃旗下順天人順治玖年柒月陞授

分巡建昌道副使馮士標進士山東人順治捌年玖月陞授

威茂兵備道副使

司道職名冊　十三

分巡下川南道副使
分巡上川南道僉事薛良朋貢生遼東人順治捌年玖月陞授
分巡川北道僉事劉通內院供事官順天人順治陸年柒月題授
分巡川西道僉事盧建忠拔貢實職參議陝西人順治捌年貳月補
授
分巡上川東道僉事楊春芳貢生北直人順治玖年拾月陞授
敘馬兵備道僉事趙顯宗實職參議係副將河南人順治陸年柒月
題授
安綿石泉兵備道僉事李浴日貢生山東人順治玖年柒月陞授
遵義兵備道僉事馮嘉會貢生山東人順治玖年柒月陞授
廣東
左布政

左布政王原朊（wǔ），中书舍人[1]实职参议，北直人，顺治六年七月题补。

右布政吴一元，进士，山东人，顺治九年十月升授。

分守川西道[2]、左参政陈安国，生员实职参议，陕西人，顺治八年七月题补。

分守川北道[3]、右参政李藻，举人实职参议，山西人，顺治七年十月升授。

分守川东道[4]、左参议高显光，举人，山西人，顺治九年八月升授。

分守下川南道⑤、右参议。

分守上川南道⑥、右参议。

按察使

清军屯田水利驿传道、副使范奇才实职佥事，镶白旗下副将，江南人，顺治六年七月题授。

提学道、副使陈卓，进士实职参议，江南人，顺治七年九月升授。

松潘兵备道⑦、副使李士郘，官生实职佥事，北直人，顺治六年九月升授。

分巡下川东道⑧、副使袁一相，副将正黄旗下，顺天人，顺治九年七月升授。

分巡建昌道⑨、副使冯士标，进士，山东人，顺治八年九月升授。

威茂兵备道⑩、副使。

分巡下川南道、副使。

分巡上川南道、佥事薛良朋，贡生，辽东人，顺治八年九月升授。

分巡川北道、佥事刘通，内院供事官，顺天人，顺治六年七月题授。

分巡川西道、佥事卢建忠，拔贡实职参议，陕西人，顺治八年二月补授。

分巡上川东道⑪、佥事杨春芳，贡生，北直人，顺治九年十月升授。

叙马兵备道⑫、佥事赵显宗实职参议，系副将，河南人，顺治六年七月题授。

安绵石泉兵备道⑬、佥事李浴日，贡生，山东人，顺治九年七月升授。

遵义兵备道⑭、佥事冯嘉会，贡生，山东人，顺治九年七月升授。

注释

①中书舍人：明清时于内阁中的中书科设有中书舍人，掌书写诰敕、制诏、银册、铁券等。品级为从七品。

②川西道：清初分守、分巡道。

③川北道：清初分守、分巡道。

④川东道：清初分守道。

⑤下川南道：清初分守、分巡道。

⑥上川南道：清初分守、分巡道。

⑦松潘兵备道：清初四川兵备道。辖区以松潘厅为核心。设置名称为：分巡成绵龙茂道，驻成都府，辖二府二直隶州三直隶厅。其中包括松潘厅。属成绵龙茂道下所设兵备道。清代初年在此驻军。

⑧下川东道：清初分巡道。

⑨建昌道：清初分巡道。

⑩威茂兵备道：清初四川兵备道。辖区以威茂州为核心。设置名称为：分巡成绵龙茂道，驻成都府，辖二府二直隶州三直隶厅。其中包括茂州。威州，

位于汶川县境域东北部。茂州，治所在汶山，明初废汶山县入本州，清雍正后升为直隶州。属成绵龙茂道下所设兵备道。清代初年在此驻军。

⑪上川东道：清初分巡道。

⑫叙马兵备道：清初四川兵备道。辖区以叙马为核心。设置名称为：分巡成绵龙茂道，驻成都府，辖二府二直隶州三直隶厅。其中包括龙安府，龙安府下设六营，其中一营为叙马营，属成绵龙茂道下所设兵备道。清代初年在此驻军。参见清嘉庆《直隶叙永厅志·兵制志》。

⑬安绵石泉兵备道：清初四川兵备道。辖区以安县[1]、绵州、石泉县[2]为核心。安绵兵备道设置名称为：分巡成绵龙茂道，驻成都府，辖二府二直隶州三直隶厅。其中包括绵州，属成绵龙茂道下所设兵备道。石泉兵备道设置名称为：分巡陕安道，驻汉中府，辖二府。其中包括兴安府。后属陕西，清代初年在此驻军。

⑭遵义兵备道：清初四川兵备道。后属贵州省，辖区以遵义府为核心。设置名称为：分巡贵西道，驻威宁州，辖四府二直隶厅。其中包括遵义府，属贵西道下所设兵备道。清代初年在此驻军。

---

① 明洪武七年(1374)，降安州为安县，并迁治今安昌镇，属成都府。清雍正五年(1727)绵州升为直隶州，改属绵州。

② 石泉，汉代和三国时期属安阳县，西魏废帝元年(552)，改名石泉。清代属陕西兴安府管辖。

十九　广东

右布政楊名顯舉人陝西人順治陸年伍月陞授

分守嶺南道左參政陳　贄進士實職參議浙江人順治陸年伍月改授

分守嶺西道右參政周公軾進士實職參議江南人順治陸年伍月改授

分守嶺東道左參議施起元進士福建人順治陸年伍月改授

督糧道左參議徐烜進士江南人順治陸年伍月陞授

分守海北道右參議陳嘉善進士江南人順治陸年伍月改授

按察使曹國柄舉人順天人順治陸年伍月改授

驛傳道副使史燧進士實職參議江南人順治陸年伍月改授

提學道副使錢朝鼎進士江南人順治玖年叁月陞授

瓊州道副使彭三益進士順天人順治玖年拾月陞授

司道職名冊　十四　故宮博物院

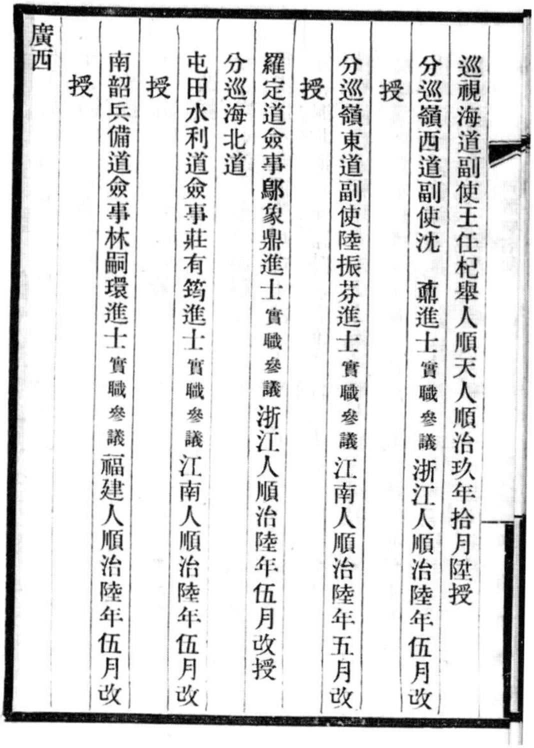

巡視海道副使王任杞舉人順天人順治玖年拾月陞授
分巡嶺西道副使沈 鼒進士實職參議浙江人順治陸年伍月改
授
分巡嶺東道副使陸振芬進士實職參議江南人順治陸年五月改
授
羅定道僉事鄔象鼎進士實職參議浙江人順治陸年伍月改授
分巡海北道
屯田水利道僉事莊有筠進士實職參議江南人順治陸年伍月改
授
南韶兵備道僉事林嗣環進士實職參議福建人順治陸年伍月改
授
廣西

左布政

右布政杨名显，举人，陕西人，顺治六年五月升授。

分守岭南道[1]、左参政陈赞，进士实职参议，浙江人，顺治六年五月改授[2]。

分守岭西道[3]、右参政周公轼，进士实职参议，江南人，顺治六年五月改授。

分守岭东道[4]、左参议施起元，进士，福建人，顺治六年五月改授。

督粮道、左参议徐炟(dá),进士,江南人,顺治六年五月升授。

分守海北道[5]、右参议陈嘉善,进士,江南人,顺治六年五月改授。

按察使曹国柄,举人,顺天人,顺治六年五月升授。

驿传道、副使史燧,进士实职参议,江南人,顺治六年五月改授。

提学道、副使钱朝鼎,进士,江南人,顺治九年三月升授。

琼州道[6]、副使彭三益,进士,顺天人,顺治九年十月升授。

巡视海道[7]、副使王任杞,举人,顺天人,顺治九年十月升授。

分巡岭西道、副使沈鼒(zī),进士实职参议,浙江人,顺治六年五月改授。

分巡岭东道、副使陆振芬,进士实职参议,江南人,顺治六年五月改授。

罗定道[8]、佥事邬象鼎,进士实职参议,浙江人,顺治六年五月改授。

分巡海北道

屯田水利道[9]、佥事庄有筠,进士实职参议,江南人,顺治六年五月改授。

南韶兵备道[10]、佥事林嗣环,进士实职参议,福建人,顺治六年五月改授。

注释

①岭南道:清初分守道。

②改授:清代授官方法之一,另行授予官职,指实际授予官职与原本应授予官职不同。

③岭西道:清初分守、分巡道。

④岭东道:清初分守、分巡道。

⑤海北道:清初分守、分巡道。

⑥琼州道:清初分守、分巡道。

⑦巡视海道:与前文海道相同。

⑧罗定道:清初分巡道。

⑨屯田水利道:清朝科道兵制之一。采用军事编制,所生产的粮食主要供给军需。

⑩南韶兵备道:清初广东兵备道。辖区以南韶为核心。设置名称为:分巡南韶连道,驻韶州府,辖一府二直隶州一直隶厅。其中包括韶州府。属南韶连道下所设兵备道。清代初年在此驻军。

二十　广西

录文

左布政朱鼎新內閣中書順天人順治玖年柒月授補
右布政王鹽鼎舉人山東人順治玖年肆月陞授
分守桂平道左參政李世耀進士實職參議福建人順治陸年伍月
改授
蒼梧道右參政張兆熊貢生陝西人順治玖年肆月陞授
分守左江道左參議趙胤翰進士江南人順治陸年伍月改授
分守右江道右參議金漢蕙進士浙江人順治陸年伍月改授
按察使張自昌儒士浙江人順治玖年捌月陞授
驛傳道副使陳　舒進士實職參議浙江人順治陸年伍月改授
提調學道副使錢王任進士實職僉事江南人順治玖年肆月考授
賓州兵備道副使袁大受實職參議江南人順治陸年伍月改授
府江兵備道副使周永緒進士實職參議江南人順治陸年伍月改

司道職名冊　十五　故宮博物院

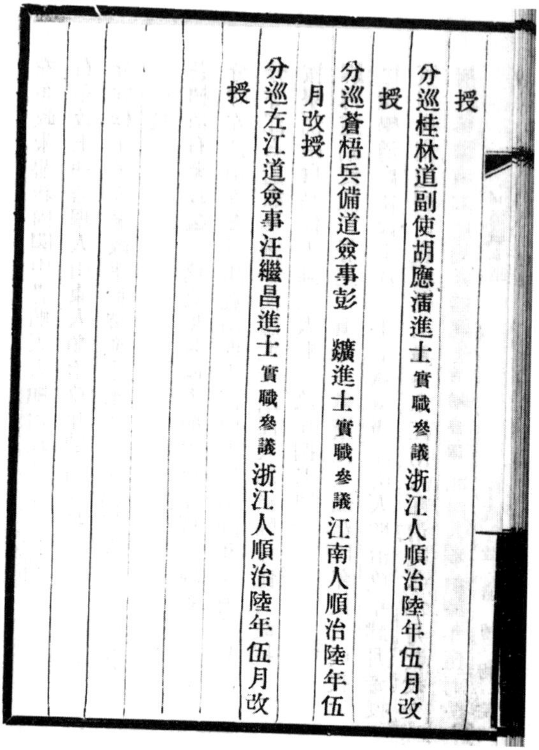
授
分巡桂林道副使胡應濡進士實職參議浙江人順治陸年伍月改
授
分巡蒼梧兵備道僉事彭 爌進士實職參議江南人順治陸年伍
月改授
分巡左江道僉事汪繼昌進士實職參議浙江人順治陸年伍月改
授

左布政朱鼎新，内阁中书①，顺天人，顺治九年七月授补。

右布政王盐鼎，举人，山东人，顺治九年四月升授。

分守桂平道②、左参政李世耀，进士实职参议，福建人，顺治六年五月改授。

苍梧道③、右参政张兆罴(pí)，贡生，陕西人，顺治九年四月升授。

分守左江道④、左参议赵胤翰，进士，江南人，顺治六年五月改授。

分守江右道⑤、右参议金汉蕙，进士，浙江人，顺治六年五月改授。

按察使张自昌，儒士，浙江人，顺治九年八月升授。

驿传道、副使陈舒，进士实职参议，浙江人，顺治六年五月改授。

提调学道、副使钱王任，进士实职佥事，江南人，顺治九年四月考授⑥。

宾州兵备道⑦、副使袁大受实职参议，江南人，顺治六年五月改授。

府江兵备道⑧、副使周永绪，进士实职参议，江南人，顺治六年五月改授。

分巡桂林道⑨、副使胡应濡(léi)，进士实职参议，浙江人，顺治六年五月改授。

分巡苍梧兵备道⑩、佥事彭爌(huǎng)，进士实职参议，江南人，顺治六年五月改授。

分巡左江道、佥事汪继昌，进士实职参议，浙江人，顺治六年五月改授。

注释

①内阁中书：清代官名，于内阁中设置，掌撰拟、记载、翻译、缮写，官阶为从七品。定额满洲七十人，蒙古十六人，汉军八人，汉人三十人。

②桂平道：清初分守道。

③苍梧道：清初分守、分巡道。

④左江道：明置，因境内左江得名，属广西省。清代驻南宁府，初辖泗城、南宁、太平、镇安四府；光绪年间，太平府改隶太平思顺道；增辖郁林直隶州和上思、百色二直隶厅。带兵备衔。

⑤江右道：清初分守道。谭其骧：《中国历史地图集·清时期》写作："右江道"、"左江道"。原文作"江右道"，疑似互乙。

⑥考授：清代授官方法之一，即通过考试授给官职。清制，某些学官及经办文字事务之额缺，须通过考试而授职。考授时，均由吏部奏派大臣考试，拟定正、陪名单，交部引见后补授。

⑦宾州兵备道：清初广西兵备道。辖区以宾州为核心。设置名称为：分巡右江道，驻柳州府，辖四府。其中包括思恩府，属右江道下所设兵备道。清代初年在此驻军。

⑧府江兵备道：清初广西兵备道。辖区以府江为核心。设置名称为：分巡桂平梧郁道，驻桂林府，辖三府一直隶州。其中包括平乐府，属桂平梧郁道下所设兵备道。清代初年在此驻军。府江是明代以前对桂江段的称谓。府江指平乐府、平乐江，即平乐之府江。参见《明史·列传第二百五·广西土司》。

⑨桂林道：清初分巡道。

⑩苍梧兵备道：清初广西兵备道。辖区以苍梧为核心。设置名称为：分巡桂平梧郁道，驻桂林府，辖三府一直隶州。其中包括梧州府，属桂平梧郁道下所设兵备道。清代初年在此驻军。

后 记

《多尔衮摄政日记　司道职名册》是我偶然间于古书店中购得。本书为民国二十四年(1935)由北平故宫博物院据刘氏所藏内阁大库档案排印而成。虽然资料并不完整,但价值非凡。其中,《多尔衮摄政日记》有12篇记事资料;《司道职名册》按诸省分列其文。此次,本人把《司道职名册》分成20个条目进行注录,以便查阅。

本次对《多尔衮摄政日记　司道职名册》的校、注、译尚属首次,鉴于当前图书市场未有相同资料的刊印,故此次刊印可以补其市场缺漏,为清史研究者和爱好者以及相关专业的学生们提供相关的资料。

然而,本书难免有所缺漏,不当之处,还望各界学者、老师加以批评指正!

周　莎

二〇一五年十二月

于北京故宫博物院